1+X 旅行策划职业技能等级证书配套教材

旅行策划 高级

中国旅游协会旅游教育分会 组织编写

主编 黄宝辉

副主编 史庆滨

高等教育出版社·北京

内容简介

　　本书为中国旅游协会旅游教育分会组织编写的 1+X 旅行策划职业技能等级证书配套教材（高级），是新形态一体化教材。本书内容依据教育部批准的《旅行策划职业技能等级标准》编写，采用模块化的编写思路，包括旅游产品市场分析、定制旅游产品设计与制作流程管控、智能旅行工具的选择和运用 3 个模块，共有 9 个工作任务，工作任务的学习和训练内容依据职业技能要求展开。

　　本书内容编排合理，理论阐述清晰，技能训练贴近岗位作业实际，具有很强的实践性和操作性，体现了 1+X 教材产教融合及"岗课赛证"融通的鲜明特色。本书的编写广泛吸收了旅行策划行业最新理论研究成果和行业实践经验，教材理论知识的选取紧紧围绕职业技能训练的需要来展开，体现了工学结合、任务驱动的理论实践一体化的编写思路，呈现了旅游类专业课程教学改革的最新成果。

　　本书适合高等职业院校、职业本科院校、应用型本科院校学生及社会从业人员报考旅行策划职业技能等级证书（高级）学习使用，也可作为旅游类专业中开设的旅游产品策划与定制、旅游产品策划、旅游产品设计、旅游线路设计等课程的教学用书。推荐使用智慧职教 MOOC 学院（mooc.icve.com.cn）平台上的在线开放课程"旅游产品策划与定制"进行线上教学和学习。

图书在版编目（ＣＩＰ）数据

　　旅行策划：高级 / 中国旅游协会旅游教育分会组织编写；黄宝辉主编. -- 北京：高等教育出版社，2024.4
　　ISBN 978-7-04-061836-5

　　Ⅰ. ①旅… Ⅱ. ①中… ②黄… Ⅲ. ①旅游业－策划－高等职业教育－教材 Ⅳ. ①F590.1

　　中国国家版本馆CIP数据核字(2024)第044282号

Lüxing Cehua（Gaoji）

策划编辑	张　卫	责任编辑	张　卫	封面设计	张　楠	版式设计	李彩丽
责任绘图	李沛蓉	责任校对	窦丽娜	责任印制	高　峰		

出版发行	高等教育出版社	网　　址	http://www.hep.edu.cn
社　　址	北京市西城区德外大街 4 号		http://www.hep.com.cn
邮政编码	100120	网上订购	http://www.hepmall.com.cn
印　　刷	北京汇林印务有限公司		http://www.hepmall.com
开　　本	787mm×1092mm　1/16		http://www.hepmall.cn
印　　张	9.75		
字　　数	170 千字	版　　次	2024 年 4 月第 1 版
购书热线	010-58581118	印　　次	2024 年 4 月第 1 次印刷
咨询电话	400-810-0598	定　　价	38.00 元

旅行策划（高级）编审委员会

旅游产业的迅猛发展，对专业人才的供给提出了越来越高的要求。如何使我们各类旅游院校所培养的学生在掌握旅游产业的一些基本概念和理论的同时，做到既能"侃旅游"，同时也更会"干旅游"，这始终是我国旅游教育界需要下大力气解决的一个现实问题。

要解决好这一问题，就需要在理念、教材和教师结构上进行大胆的改革和创新。值得欣喜的是，近年来，不论是旅游企业，还是各旅游院校都为此开展了大量有意义的探索和努力，也涌现出了一些具有较高质量的工作成果。《旅行策划（高级）》就是这些成果中的一个代表作。

本教材的编写以党的二十大精神为指引，落实立德树人的根本任务。教材根据教育部颁布的《旅行策划职业技能等级标准》，包括旅游产品市场分析、定制旅游产品设计与制作流程管控及智能旅行工具的选择和运用三个模块，分为必备知识、任务引入、任务分析、知识链接、任务实施、思考与练习等环节，逐一铺陈展开。在传播基础知识的基础上，聚焦提升学员的实践能力和动手能力，同时也使得相关的考核和评价标准更加贴近实际。《旅行策划（高级）》的出版可谓是旅游教育界在这一系列努力中的又一次积极尝试。

众所周知，旅游产业素质的进一步提升，离不开大量优秀专业人才的参与。而优秀专业人才的打造，则仰仗于高质量的教育和培训。也正是基于这一点，相信所有旅游人都期待着更多类似典型示范创新实践的不断涌现。

是为序。

中国旅游协会副会长兼秘书长
2024年3月

2023年，我国旅游业快速复苏，据文化和旅游部披露，国内出游人次48.91亿，国内游客出游总花费4.91万亿元，国内出游人次和国内旅游收入分别恢复到2019年的81.38%、85.69%。今天的旅游业已经悄然发生了变革，研学旅行、定制旅行、专题旅游、特色旅游等等方兴未艾，作为人们每次旅行前的准备工作，如计划、安排、预算等也越来越重要，旅行策划已经成为旅游者、旅游企业重要的工作，旅行策划已经成为旅游一线从业人员的一项基本技能。

2019年1月24日，国务院印发《国家职业教育改革实施方案》（简称"职教20条"），提出在职业院校启动"学历证书＋若干职业技能等级证书"（简称1＋X证书）制度试点；同年3月29日，教育部、财政部发布了《关于实施中国特色高水平高职学校和专业建设计划的意见》，重申"双高"建设的院校和专业要率先开展1＋X证书制度试点；紧接着同年4月4日，教育部、国家发改委、财政部、市场监管总局制定了《关于在院校实施"学历证书＋若干职业技能等级证书"制度试点方案》，全面启动1＋X证书制度试点。1＋X证书制度是职业教育领域一项重要的制度创新，学历证书反映学校教育的人才培养质量，职业技能等级证书是毕业生、社会成员职业技能水平的凭证，反映职业活动和个人职业生涯发展所需要的综合能力。1＋X证书制度是适应新时代职业教育发展的需要，是促进产教融合发展的需要，是推进校企衔接发展的需要。

旅游职业教育是我国旅游教育的重要组成部分，也是职业教育战线上的重要力量，改革开放以来为我国培养了数以万计的适应旅游产业发展需求的高素质技术技能和管理服务人才，为提高旅游从业人员素质、推动旅游经济发展和促进旅游就业做出了重要贡献。为了在旅游职业教育界落实国务院"职教20条"，2019年5月在浙江旅游职业学院举办第十一届全国旅游院校服务技能（饭店服务）大赛期间，我和原中国旅游协会旅游教育分会刘莉莉秘书长进行了深入的交流，我们认为旅游职业教育战线要积极学习、贯彻和落实国务院"职教20条"，要以较快的速度在旅游职业教育中进行探索实践。我们意识到1＋X证书制度将引领职业教育的"三教"改革，对推动旅游职业教育发展具有重要的意义与价值。我们商定以浙江旅游职业学院的师资团队为基础，着手开展对1＋X证书制度的相关研究，探索具有旅游职业教育特点的证书体系。

2019年5月至8月，中国旅游协会旅游教育分会、浙江旅游职业学院组织专家开展了一系列研制工作。2019年9月21日，中国旅游协会旅游教育分会在浙江旅游职业学院召开旅游类职业技能等级证书专家工作会，讨论了"旅行策划"证书标准。

截至2023年年底，共有403所院校的13 832名学生参加了旅行策划职业技能等级证书考试。

为了有效开展旅行策划职业技能等级证书的试点工作，中国旅游协会旅游教育分会统筹安排，以浙江旅游职业学院黄宝辉副教授为主编的团队完成了《旅行策划（高级）》教材的编写。黄宝辉老师一直从事旅行社相关专业的教学、科研和社会服务工作，是一个有旅游职业教育情怀的教师，当我们邀请她参加旅行策划职业技能等级标准研制工作时，她积极参与、认真工作，付出了心血和汗水。这本教材的顺利出版，为进一步推进试点工作打好了基础。党的二十大胜利召开之后，编写团队及时对教材内容进行了更新，以全面落实党的二十大精神进教材。

教材以工作任务为导向，采用模块化的编写方式，将定制旅游产品需求研判、策划创意、产品制作、供应商管理四个工作领域的学习内容分成模块和教学单元，工作任务的具体学习和训练内容依据职业技能要求展开。教材注重培养学生形成优秀的品德和正确的职业观；采用任务驱动式的设计体例，案例丰富真实、深浅适度，符合学生的心理特征和认知规律；本教材为新形态一体化教材，信息化资源丰富，注重培养学生的实践能力和应用能力。

近年来，我们主动作为、担当使命、积极探索，在中国旅游协会旅游教育分会、浙江旅游职业学院、高等教育出版社、旅行社企业和兄弟院校的齐心合作、共同努力下，旅游职业教育探索1+X试点工作取得了一些突破和成绩。在此，十分感谢中国旅游协会旅游教育分会原秘书长刘莉莉，浙江旅游职业学院王方副书记，教务处史庆滨副处长，高等教育出版社高职事业部陈瑛分社长，以及广州广之旅国际旅行社股份有限公司等企业的大力支持。

中国旅游协会旅游教育分会原副会长

浙江旅游职业学院教授

教育部全国旅游职业教育教学指导委员会副主任委员

2024年3月于杭州

序三 <<<<<<<<

经各方协同努力，《旅行策划（高级）》教材终于面世了。作为教育部1+X证书制度试点的培训评价组织，深感欣慰与期待。

1+X证书制度是国务院发布的《国家职业教育改革实施方案》的重要内容，是新时期职业教育改革的一项重大制度创新。将学历证书与职业技能等级证书相互融通，为职业教育教学模式和评价模式带来了深刻变革，对于增强旅游职业教育的适应性，提高复合型技术技能人才培养质量具有重要意义。

为此，在中国旅游协会重视、旅游教育分会会长副会长牵头、广大会员单位支持和秘书处成员的努力下，我们自2019年以来对1+X证书制度试点工作积极探索与实践，调动旅游教育界、旅游产业界资源，凝聚行业企业、院校和研究机构的专家力量，在证书标准开发、题库建设、师资培训、考务组织、教材编写等方面取得了成果。2020年12月30日，"旅行策划职业技能等级证书"获教育部批准，列入1+X证书制度第四批试点，并于2021年4月2日正式发布了《旅行策划职业技能等级标准》。

标准是职业技能等级证书开发的核心内容，配套教材是证书实行的重要基础。本教材的开发模式，突出了旅游职业教育类型特色，我们组建的编写团队，吸引了一批深耕于旅行策划专业领域的院校骨干教师、企业家及技术骨干、行业专家共同参与。本教材的内容设计，体现了旅游产业进步和"岗课赛证"融通要求，对应《旅行策划职业技能等级标准》，以模块化编写思路，将旅行策划（高级）工作领域的学习内容分为3个模块共9个工作任务，更加符合学生的认知特点、职业教育教学和人才成长规律。

感谢本书的主编、编者们倾注心力，感谢高等教育出版社编辑们的专业水准，感谢翻开书页的你们。期待这本书助力学习者专业有成，拓展就业创业能力，实现职业发展愿景，成为新时代中国旅游业及相关领域的高素质复合型人才。

在我国"十四五"时期加快构建新发展格局的宏观背景下，旅游业成为满足人民美好生活需要、推动高质量发展的重要支撑。随着大众旅游深入发展和现代旅游业体系更加健全，旅行策划职业技能前景广阔。我们秉持人才培养初心，将不断完善教材编修，与院校师生、社会成员交流共进。

谨为序。

中国旅游协会旅游教育分会原秘书长

全国旅游标准化技术委员会委员

2024年2月

党的二十大报告指出，坚持以文塑旅、以旅彰文，推进文化和旅游深度融合发展，这为实现文化和旅游业的高质量发展提供了根本遵循。旅游产品是指通过利用、开发旅游资源来提供给旅游者的旅游吸引物与服务的组合，旅游产品是文旅业发展的重要载体，是旅游业的核心构成要素，旅游产品的创新、多样化和高品质，直接影响着旅游业的竞争力。

值得注意的是，随着旅游消费主体越来越重视产品品质，一方面，"大众旅游"虽然消费单价较低，但是对消费品质的要求并不低，这对旅游业实现整体升级提出了要求；另一方面，国内中高端旅游产品如何稳定客源，持续扩大影响，也是促进国内旅游消费增长需要认真思考的问题。

旅游企业是旅游业高质量发展的主体，但我国旅游企业发展质量总体并不均衡。从旅游业发展的实际看，除了少数互联网渠道端的旅游企业外，大型旅游企业凤毛麟角，中小型旅游企业是旅游业发展的主体。如何支持中小型旅游企业特色发展、创新发展和专业化发展亦成为旅游业界越来越关注的课题。

综上所述，旅游业界需要大量旅游产品设计人才。中国旅游协会作为教育部1＋X证书制度第四批培训评价组织，中国旅游协会旅游教育分会负责"旅行策划职业技能等级证书"各项试点工作，为此旅游教育分会专门组建专业编写团队，组织证书配套教材的编写。

本书积极贯彻立德树人的根本任务，体现职教特色，通过生动的教学设计、丰富的产品案例，有机融入习近平新时代中国特色社会主义思想和党的二十大精神；体现产教融合、校企合作及"岗课赛证"融通编写理念，吸收了最新理论研究成果和行业企业新技术、新规范；体现新形态一体化的融合创新，选取颗粒化教学资源构建多媒体资源二维码，支持移动终端即时互动式学习，并配有在线开放课程，丰富新形态一体化教学的在线课程资源。

本书内容依据教育部批准的《旅行策划职业技能等级标准》编写，采用模块化的编写思路，包括旅游产品市场分析、定制旅游产品设计与制作流程管控、智能旅行工具的选择和运用3个模块，共有9个工作任务，工作任务的学习和训练内容依据职业技能要求展开。每个模块的开始都设置了必备知识栏目，每个工作任务包括任务引入、任务分析、知识链接、任务实施、拓展阅读、思考与练习等环节。必备知识栏目主要阐述与工作任务中任务实施有关联的基础知识；任务引入栏目通过引入旅游产品生产商旅游产品开发的业务实例，结合职业技能要求，提出需要完成的学习任务；任务分析栏目对提出的学习任务进行分析，分析完成任务需要掌握的知识点和技能点；知识链接栏目详细讲解职业技能要求包含的知识点；任务实施栏目通过任务综合应用所学知识，提高学生系统地运用知识、提升职业技能的能力；拓展阅读栏目结合职业技能要求，介绍旅游产品设计最新资讯，开阔学生眼界；设计思考与练习栏目供学生自主学习。

本书主要面向旅行社企业、在线旅游运营商、旅游企业的产品经理、产品总监、产品策划总监等岗位，指导学习者完成旅游产品市场分析、定制旅游产品设计与制作流程管控、智能旅行工具的选择和运用等工作，以及提升定制旅游产品核心竞争力。

本书由黄宝辉主编并负责大纲拟定、全书统稿及全书编写指导，并编写模块一和模块二。本书模块三由史庆滨负责编写。本书的编写参考和借鉴了旅游界诸多同行和专家的研究成果，得到了高等教育出版社的大力支持，本书部分案例引自网络公开资料，在此一并表示感谢。

限于编者知识理论水平和实践经验，本书难免存在不足之处，敬请专家和广大读者批评指正。

中国旅游协会旅游教育分会

2024年3月

目录 <<<<<<<<

模块一 旅游产品市场分析

工作任务

- 旅游产品目标市场评估

- 同业产品分析

- 旅游产品市场定位

职业技能要求

- 能评估目标市场的规模和增长潜力
- 能结合大数据分析，从属性、行为、期待等方面勾画目标用户
- 能分析目标市场的开发是否符合企业的战略定位

- 能分析同业产品在同一目标市场上的占有率
- 能分析同业产品的综合竞争力
- 能分析同业产品的品牌定位

- 能从技术、采购、价格、品质、服务等方面明确旅游产品的竞争优势
- 能确定旅游产品在目标市场上的品牌定位

必 备 知 识

一、旅游产品的定义和分类

旅游产品是指通过利用、开发旅游资源提供给旅游者的旅游吸引物与服务的组合。

旅游产品按照旅游者的旅游动机、旅游活动的内容和性质、旅游产品生产商对产品构成要素的选择及组合方式，可以分为观光旅游产品、度假休闲旅游产品和专项旅游产品。旅游产品根据供需的时间点来分类，可以分为预制旅游产品和定制旅游产品。

（一）观光旅游产品

观光旅游产品是指依托旅游目的地的自然旅游资源和人文旅游资源，以各项旅游接待设施为载体，以满足旅游者参观游览自然风光、文物古迹及考察民情风俗等旅游动机的旅游产品类型。观光旅游产品一般具有资源品位高、可进入性强、服务设施多、环境氛围好、安全保障强等条件，长期以来一直是旅游市场的主流产品，深受广大旅游者的喜爱。

（二）度假休闲旅游产品

度假休闲旅游产品是指旅游者在度假地（区）短期居住，进行娱乐、休闲、健身、疗养等消遣性活动，以满足休息、度假等旅游动机的旅游产品类型。度假休闲旅游产品要求度假地（区）具备 4 个条件：区位条件优越，拥有良好的住宿设施和健身娱乐设施，景观资源丰富，服务水平高。度假休闲旅游产品所包含的项目参与性很强，如水上运动、滑雪、高尔夫球运动、垂钓、温泉浴、泥疗、狩猎、潜水等。购买度假旅游产品的旅游者在旅游目的地的停留时间较长、消费水平较高。度假休闲旅游产品对旅游目的地建设水平要求较高。

（三）专项旅游产品

专项旅游产品是指依据社会、经济、文化、科研、修学、宗教、康养等某一主题而设计开发的旅游产品，也可以是针对某一细分市场特有需求开发的旅游产品。专项旅游产品当中各个组成项目之间有比较统一的内容或属性，具有较强的文化性、知识性、趣味性和专业性。专项旅游产品由于主题多种多样，因而受到具有不同兴趣爱好的旅游者的欢迎。专项旅游产品包括红色旅游、商务旅游、特种旅游、修学旅游（研学旅游）、文化旅游、遗产旅游、工业旅游、农业旅游、科技旅游、民俗旅游、节事旅游、乡村旅游、森林旅游、温泉旅游、海洋旅游、摄影旅游、自驾游、美食游、老年旅游、亲子旅游、女性旅游、家庭旅游等。

（四）预制旅游产品

预制旅游产品是指由旅游产品生产商事先设计好，拟订好行程、报价并确定出发日期，向大众旅游市场推出的旅游产品。预制旅游产品一般通过旅游产品生产商的销售渠道向市场投放广告来招揽旅游者。预制旅游产品要符合大多数旅游者的喜好，以大众皆宜的旅游景点、一般人乐意接受的旅游方式为佳。但也有一些旅游产品生产商会针对特定的目标市场，设计并推出一些差异性强、小团化的预制旅游产品。

（五）定制旅游产品

定制旅游是以旅游者为中心，在目标市场细分的基础上，遵循以旅游者体验价值为导向，为旅游者提供个性化服务解决方案，努力使旅游者满足度最大化的一种旅行综合服务形式。定制旅游产品是旅游产品生产商接受旅游者的委托，根据旅游者的需求，单独设计行程、报价的专项产品及服务。

定制旅游产品主要分为三种类型：根据某一类客户需求定制鲜明主题化产品的泛定制旅游产品、在标准化产品基础上进行微调的半定制旅游产品以及根据客户需求定制产品的全定制旅游产品。

二、旅游产品目标市场

旅游产品目标市场是指旅游产品生产商在市场细分的基础上，所选定并决定为其服务的特定旅游者群体。旅游产品目标市场的选择取决于旅游产品的特点、旅游产品生产商自身的定位和资源，以及市场调研和分析的结果。

旅游产品生产商在规划定制旅游业务板块之前，必须先确定要进入的目标市场。对目标市场的规划，须结合企业自身的战略发展目标、经营目标、企业资源等进行，以此来确定自己在同业市场中的定位。

三、同业产品

同业产品是指旅游产品生产商所在的行业内其供应商或竞争对手提供的类似或相似的产品或服务。同业产品在功能、特性、定价等方面可能存在一些差异，但都致力于满足相同的旅游市场需求或解决相似的问题。同业产品的竞争促使旅游产品生产商不断努力改进和创新，以提供更好的产品和服务来吸引目标市场，并在旅游市场竞争中取得优势。

四、旅游市场定位

旅游市场定位是指旅游产品生产商根据目标市场上的竞争者和自身的状况，从各方面为本旅游企业的旅游产品和服务创造一定的条件，进而塑造一定的市场形象，以求在目标用户心中形成一种特殊的偏好。

工作任务一　旅游产品目标市场评估

任务引入

目前，旅游产品进入高质量发展阶段，具有社交价值和旅行服务价值的团队旅游产品日益得到旅游者的重视。越来越多的旅游产品生产商与摄影、攀岩、登山、骑行等行业企业合作，着力社群运营，营造社交场景，将具有相同爱好的旅游者聚集在一起，设计具有"破冰"和"融入"的互动环节，组织团队出游，帮助旅游者实现社交诉求。例如，云南某旅行社策划推出了高黎贡山生态休闲新线路，强化"和善当地人""拒绝猫腻""纯玩结伴"三大宗旨，利用生态旅游资源，积极面向小众市场开发户外生态休闲产品，推出2~6人精品小团线路。顺应绿色、健康、休闲的市场需求，依托高黎贡山国家级自然保护区，开发了系列轻度户外徒步定制旅行线路。除此之外，还结合乡村振兴和生态文明建设，践行社会责任，与村寨合作创新开发乡村生态旅游，在五合乡花寨村锅底塘推出"山野厨房"，策划组织"种下一棵树、收获一片林"回馈高黎贡山活动，收到较好效果。

同时，生活水平的提高使得旅游者既渴望享受自由，又期待被照顾，旅游产品生产商需要设计兼具精彩与舒适的行程。例如，长期以来，我国西北地区因其丰富多彩的旅游资源、旖旎的民族风情，对旅游者具有强烈的吸引力。西北自驾游的拥趸者具有较高的旅游审美素养，且追求产品品质。但是，由于西北自然地理环境复杂，旅游者自驾出游存在较大的安全隐患，而且西北旅游产业要素的服务质量离旅游者的要求还有距离，旅游基础设施相对滞后，旅游业人才不足，市场化服务理念较为薄弱，西北旅游供应商的品牌知名度、接待规模、服务能力均有待提高，旅游者靠一己之力较难采购到满意的旅行服务项目。随着旅游业的发展，越来越多的旅游产品生产商进入西北自驾游业务领域，在产品服务细节的设计与把控方面投入专业技术资源，提供了专业的领队、自驾车的配套服务，配备全套户外露营设备，从而为旅游者提供方便、舒适的旅行体验。

请以某一个具体的目标市场为例，分析其规模和潜力，以及旅游产品生产商进入该目标市场有利于实现哪些经营目标，旅游产品生产商在该目标市场取得竞争优势需要具备哪些技术和资源。

📋 任务分析

旅游产品生产商对旅游产品目标市场进行评估，需要了解和确定目标市场的消费能力及其可持续增长的可能性；在信息科技广泛应用于旅游业的背景下，旅游产品生产商应结合大数据分析，描述旅游者的兴趣、旅游喜好、旅游行为特征、价值观和旅游消费习惯等方面的综合特征；旅游产品生产商还须考虑对目标市场的开发与公司的经营目标和资源是否一致，从而分析目标市场的开发是否符合企业的战略定位。

🔗 知识链接

一、评估目标市场的规模和增长潜力

评估目标市场的规模是了解目标市场潜在旅游消费者数量及消费能力的过程。评估目标市场的增长潜力是确定目标市场在未来一段时间内实现增长的可能性的过程。

旅游产品生产商进入目标市场前，须认真评估目标市场的规模和增长潜力，具体评估内容如下：

（一）经济因素

目标市场所在国家或地区的经济变量始终是影响目标市场规模的最重要因素。旅游产品生产商应关注目标市场的经济状况和发展趋势，包括目标市场的国内生产总值（gross domestic product，GDP）增长率、消费支出、投资趋势、就业情况等经济指标。经济发达的国家或地区，社会生活活跃，人均可支配收入较多，外出旅行的人员较多，旅游消费能力较强，会推动旅游产品的转型升级。旅游产品生产商须关注目标市场的旅游消费数据，通过分析目标市场的旅游支出总额、人均旅游支出及旅游消费的分布情况，可以增强对目标市场规模和增长潜力的判断。

（二）人口因素

了解目标市场人口规模是评估市场规模的重要因素。人口统计数据可以提供目标市场的总人口数、人口密度及人口结构（如年龄、性别、职业等信息），以便更好地了解目标市场的潜在需求。关注人口增长、年龄分布、消费状况和旅游需求的变化等，可以提供关于市场未来消费潜力的信息。值得注意的是单身人士的增多，少子化倾向，人口老龄化程度加剧，接受高等教育的人数越来越多，这些都将对传统的旅游产品型态产生重大影响。

（三）地理因素

地理因素亦是评估目标市场规模的重要因素。旅游客源地的气候条件，旅游客源地是否有大型社区，这些大型社区的地理位置、外出交通条件是否便利等，对旅游产品消费均会产生影响。

（四）社会文化因素

社会文化因素对目标市场规模亦有影响，主要体现为旅游者对某类旅游产品消费的理念和态度，认为消费行为可以带来社交分享价值及生活品质的提升。旅游者对生活品质的认知虽不能简单量化，但旅游产品的创意及包装可以带给他们直观的感受，即消费此类产品可以带来内心的满足、愉悦和身体机能的提升。目标市场旅游者在做购买决策时是否关注旅游产品的特殊属性，对这些特殊属性价值的认知与判断，将会受到社会文化因素的影响。因此，旅游产品生产商对社会文化因素的关注，将利于识别出有可能成为市场风向标的旅游产品创意。

（五）旅游者对旅游产品的态度

旅游产品生产商应关注旅游者对某类旅游产品的态度是积极的亦或是消极的。价格敏感型旅游者对高端旅游产品的态度是消极的，而有学龄儿童的家庭对研学旅游产品的态度是积极的，生活在大城市的老年旅游者对乡村康养旅游产品的态度虽然较为积极，但是乡村的医疗服务水平及居住环境的卫生条件又会影响他们的消费意愿。旅游者对旅游产品的态度较为直观地体现在出游倾向方面，旅游产品生产商通过客户消费数据的分析，可以对客户的出游倾向进行适当量化。其中需要特别重视的是出游频率和出游人次，出游频率和出游人次可以检验旅游产品的市场渗透力。

（六）目标市场群体的信息科技素养

旅游产品生产商应关注目标市场群体的信息科技素养。在互联网时代，目标市场群体是否具有较好的信息科技素养，即对信息技术的了解、运用和创新能力会影响目标市场的规模和增长潜力。目标市场群体如果能够熟练掌握旅游产品信息检索与评估技能，便可以快速检索旅游产品信息，并能够筛选和评估旅游产品信息的可靠性和准确性。同时，目标市场群体若具有数字创新能力、线上协作与沟通能力，可望与旅游产品生产商形成共同开发新产品的价值共创关系。目标市场群体了解与信息技术相关的法律和伦理问题，遵守知识产权、隐私保护等相关规定，均将有效提升旅游产品线上交易效率，并催生更多基于价值共创前提的新产品开发创意。

目标市场群体的信息科技素养也会助推当地的数字化技术应用、在线旅游平台的兴起、数据分析和个性化服务的发展等，这些因素将会进一步提振当地旅游市场的数字化转型和创新的动力。

（七）目标市场的竞争环境

分析目标市场的竞争环境可以提供关于市场规模和增长潜力的信息。旅游产品生产商应观察竞争对手的市场份额、销售数据、增长趋势、发展策略、进入壁垒、目标市场的渗透程度等，从中可以了解目标市场是否具有增长机会和竞争空间。如果某个目标市场已经有了众多的、强大的或者竞争意识强的竞争者，那么该目标市场对于旅游产品生产商而言其规模和增长潜力就有限。如果目标市场的消费能力开始出现衰退迹象，但是旅游产品的生产能力却在大幅度扩大，旅游产品经营的固定成本就会过高，撤出市场的代价很大，若同时竞争者投资很大，那么情况就会更糟。这些情况常常会导致旅游产品的价格战、广告争夺战，有新的旅游产品推出，旅游产品生产商要参与竞争就必须付出高昂的代价。

旅游产品生产商应关注目标市场上出现的由竞争对手推出的新产品及创新技术，如可持续旅游、文化体验旅游、在线预订平台和个性化定制服务等。

需要指出的是评估旅游目标市场的增长潜力是一个复杂的过程，需要综合考虑多个因素和数据来源。同时，目标市场增长的预测也受到各种不确定性和外部因素的影响，因此需要旅游产品生产商进行定期的市场研究和跟踪，以及与相关专业机构和业内人士进行交流与合作，以获得更准确的评估结果。

二、结合大数据分析，从属性、行为、期待等方面勾画目标用户

从旅游产品生产商的角度来看，勾画目标用户画像是指对目标用户群体进行需求和消费行为方面的描述。目标用户画像不仅仅包括用户的基本信息，更重要的是描述用户的兴趣、旅游喜好、旅游行为特征、价值观和旅游消费习惯等方面的综合特征。

传统的旅游企业对用户需求和消费行为的了解往往采用抽样调查的方式，但是抽样调查的样本数量毕竟有限，样本数据存在误差，样本统计结果往往滞后于市场形势的发展。越来越多的旅游企业开始重视大数据分析。大数据是指规模巨大、结构复杂、处理速度快的数据集合。大数据通常具有高容量、多样性、快速产生、多源性等特点，大数据在旅游市场开发方面具有巨大的商业潜力，可以为旅游产品生产商提供重要的决策支持。旅游产品生产商在遵循相关的数据保护法规，并采取措施保护用户隐私和数据安全的前提下，通过应用大数据分析技术，可以发现隐藏在海量数据背后的用户维护模式、用户消费趋势和数据信息方面的彼此关联，从而做出更明智的旅游产品运营决策，优化旅游产品操作流程，提升企业经营效率，提供个性化的旅游产品和服务，并获得市场竞争优势。

　　大数据分析是指对大规模、高维度、多样化的数据进行收集、存储、处理和解释，通常包括数据采集、数据存储、数据处理和清洗、数据分析、结果展示和结论解释、可以采取的行动建议。值得注意的是大数据分析不仅关注数据的规模，更重要的是从数据中提取有价值的信息和具有创造性的结论。因此，合适的数据采集、存储、处理和分析技术，以及专业的分析人员和工具都是实施大数据分析是否成功的关键要素。随着数据收集意识的增强和新技术的出现，旅游企业拥有的数据量不断增加，旅游产品生产商应大量使用数据分析来优化企业的各个运营环节，通过基于数据的优化和对接，提升作业流程效率，提高决策的科学性。

（一）结合大数据分析，描述目标用户属性

　　目标用户属性是指在旅游产品或服务设计中所针对的特定用户群体的特征和特点，如年龄、性别、学历、职业、地理位置、兴趣爱好等。

　　旅游产品生产商可以采用最小数据集的方式，收集用户年龄、性别、教育水平、职业、地理位置等基本信息。最小数据集应用于企业数据仓库的建立，指的是企业的业务管理过程中最重要的数据指标。对于刚刚起步建设数据仓库的企业而言，界定和划分不同业务部门的最小数据集，可以简化数据处理，加快模型的训练过程，快速了解数据的潜在模式，并根据实际结果进行相应的调整和优化。

　　旅游产品生产商通过对目标用户属性的了解设计相应的旅游产品。例如，某旅游产品生产商专门面向19—38岁旅游者推出"同龄旅行"系列线路，选择受青年旅游者关注的小众独特旅游目的地，包含阿联酋、意大利、法国、德国、澳大利亚、瑞士、土耳其等地，天数集中在6—12天，价格集中在8 000—20 000元区间。青年旅游者更加注重自由、个性化的行程设计与服务，渴望亲自参与到活动实践、策划中；同时不少青年旅游者选择"单身出游"，他们注重旅行的社交属性。"同龄旅行"系列产品结合旅游目的地特色体验和活动，旨在为青年旅游者同龄人客群搭建一个互相支持、分享、共同成长的社交平台，以提升旅行经历的丰富性和价值感。

　　大数据分析在描述目标用户兴趣和爱好方面亦有明显优势。旅游产品生产商可以通过分析用户在旅游产品生产商企业网站上的旅游产品浏览记录、搜索记录、消费记录等数据，了解目标用户的兴趣领域和喜好，如他们关注的话题、感兴趣的旅游目的地、喜欢的旅游产品类型等，据此设计相应的旅游产品。例如，"同龄旅行"系列产品生产商基于大数据，对行程做了以下特别安排：均按照小型团队的标准设计，人数不超过26人；行程中精华景点的游览时间比常规旅游团队时间长，导游还会为青年旅游者提供"穿搭指南"和"拍照指南"，记录下旅行美好瞬间；特别为青年旅游者安排登塔、徒步、滑翔伞、

跳伞、蹦极等特色项目；行程安排了充足的自由活动时间，确保自由活动时间加起来不少于 1 天；为青年旅游者提供至少 2 家特色、好评或推荐餐厅，并提供"美食攻略"；面向"单人出行"群体，实行单人报名友好标准，确保单人报名不落单且优先安排与同性别参加者拼房，在无法拼房的情况下，不收取单房差；特别设计团友相互认识环节，组织召开"行程准备会"，让团友迅速破冰，拉近距离。

（二）结合大数据分析，了解目标用户行为

目标用户行为是指目标用户在使用旅游产品或服务时所表现出的行为模式和习惯。旅游产品生产商了解目标用户行为可以更好地理解用户需求，优化旅游产品或服务的设计，提升目标用户的体验价值。

旅游产品生产商可以结合大数据分析，通过用户调查和用户观察更好地了解目标用户行为，具体如下。

（1）分析用户在消费旅游产品时的功能偏好，是否更注重某些核心功能，或者偏好某些特定的使用方式。以不同年龄段的旅游者群体为例。少年旅游者群体是指在 16 岁以下的旅游消费者，此类型旅游者多为在小学或初中的学生。少年旅游者好动、好奇心强，善于学习文化知识，喜欢猎奇。少年旅游者对用餐和住宿的要求不高，餐食可口、住宿舒适即可。人文旅游资源丰富和自然景观优美的旅游目的地对少年旅游者更具吸引力。青年旅游者群体是指 16～35 岁的旅游消费者，此类型旅游者多为大学生或者刚步入工作岗位的青年人。青年旅游者思维活跃，懂得时尚和享受，也是当今的主流旅游消费群体。青年旅游者需求多样，对旅游服务要求较高。餐饮安排要突出特色，青年旅游者对餐品造型、口味或者名字较为敏感。青年旅游者喜欢古建筑、遗址遗迹、美食文化、流行文化，更喜欢名山大川和富有浪漫气息的景点。中年旅游者群体是指 35～60 岁的旅游消费者，他们由于生活的高压力，在外旅游以休闲放松为主。中年男性旅游者对自然风景情有独钟，在开阔的天地寻找释放，喜欢峡谷、瀑布、森林景观，也有部分中年男性旅游者对茶文化、高雅艺术有偏好。中年女性旅游者喜欢健康养生类旅游产品，能满足美容、休闲放松、社交、购物需求的旅游产品受到她们的欢迎。老年旅游者群体是指 60 岁以上的旅游消费者，老年旅游者由于年龄较大、活动不方便，适合周边旅游。老年旅游者喜欢宁静、舒缓的旅游活动，偏爱历史文化、自然风光类旅游景区，餐饮安排以清淡为宜，住宿安排以安全、舒适为宜。老年旅游者对导游服务的依赖性较强，对乡村旅游、红色旅游和观光旅游接受度较高。

（2）通过分析用户购买旅游产品的时间和地点数据，旅游产品生产商可以了解用户行为的季节性、周期性和地域性特征，优化资源分配和市场策略。例如，大部分旅游者通常都会选择一些知名度高、旅游资源独特的旅游目的

地，从而形成热门旅游目的地。旅游者选择旅游目的地会考虑自身的经济支付能力，结合休假时间的长短、自身偏好，还会考虑家庭成员的需求，如果是带老人或小孩一起旅游，接待设施比较成熟、无障碍环境建设相对完善的旅游目的地更受欢迎。同时，旅游产品生产商通过分析目标市场的旅游者流动、景点停留时间和旅游季节规律，可以预测旅游线路的客流量、优化资源配置和提供更好的旅游服务体验。

（3）通过分析用户的购买行为、消费习惯、对旅游产品生产商企业网站的访问频率等，旅游产品生产商可以了解用户的购买决策过程、旅游产品使用习惯及对促销活动的反应等。一些目标用户可能对特定的旅游产品品牌或旅游目的地进行重复消费，体现出一定的忠诚度。他们可能会选择回到他们喜欢的旅游目的地，或者选择相同的旅游供应商以获得一致的旅游体验。旅游产品生产商应关注目标用户使用哪种渠道预订和购买旅游产品，以及用户的购买决策可能受到旅游产品价格、优惠、评价和品牌声誉等诸多因素的影响。

（4）通过分析用户对旅游产品质量的反馈和评价，可以了解他们的满意度、痛点和期望，来改进产品或服务，提升用户旅游体验。旅游产品生产商应重视用户在互联网平台上对旅游产品的评价和评论，随着电子商务的普及和社交媒体的兴起，越来越多的用户习惯于在购买和消费旅游产品后，通过在线平台（如电商网站、社交媒体、论坛等）分享自己的购买体验和对旅游产品的评价。用户的在线评价对其他潜在旅游消费者会具有引导作用，尤其对旅游产品质量和功能、性价比方面的评价。分析用户的在线评价有助于旅游产品生产商了解旅游消费者对产品的反馈和意见，从而了解旅游产品的优点和不足，并根据目标用户需求做出相应调整和改进。另外，积极、正面的在线评价可以提升旅游产品生产商的品牌形象和口碑，并利于检测旅游产品品牌建设的效果。值得注意的是，在线评价也可能出现恶意批评、假评价，旅游产品生产商需要建立有效的管理和回应机制，及时处理和解决在线评价中的问题和投诉。

（三）结合大数据分析，理解目标用户期待

大数据时代的来临使得用户的消费行为发生了明显变化，用户能够更加方便快捷地获取最新的产品资讯，及时了解市场行情，消费理念更加主动而理性。另外，由于数据传播的广泛和迅捷，用户的主动创新意识增强，对旅游产品的消费期待不仅仅是感官功能的满足和情感的慰藉，更多的用户提出了个性化定制的需求，并更加积极主动地参与到定制旅游产品的设计和制作过程之中。因此，关注并理解目标用户期待可以帮助旅游产品生产商推出更多优质的旅游产品或服务，具体如下。

（1）享受旅游产品咨询和交易的便利性。随着信息科技工具的不断创新，例如，AI助手、智能化搜索引擎的使用日益广泛，使用这些工具的用户期望得到更加便捷、快速的旅游产品咨询和交易体验。旅游产品生产商需要关注产品包装的信息高速触达性，特别需要注重旅游产品名称、旅游产品内容描述、旅游产品评价和评分以及旅游产品数字化的技术细节。

（2）获得高质量和有全程服务保障的旅游产品。用户期望旅游产品或服务有高质量的表现，并且能够提供稳定、可靠的全程服务。例如，旅游者期待旅游目的地提供丰富多样的旅游资源，如自然景观、文化遗产、文化活动等；期待旅游目的地具备完善的服务设施，包括交通设施、酒店和住宿设施、餐饮设施等；期待在旅游过程中得到高品质的服务体验，包括友好周到的服务、准确和及时的信息、便捷的预订和安排等；期待获得独特的文化体验，能够感受民俗表演、传统工艺活动、当地美食体验等。

（3）参与个性化定制旅游产品的设计。越来越多的用户希望旅游产品或服务能够提供个性化和定制化的体验，旅游产品生产商应根据用户的偏好和需求进行个性化设置和定制化服务，并借助信息科技工具与用户高效、频繁互动，以增强用户的参与感。旅游产品生产商识别并理解用户的期待，并完善产品的设计。例如，旅游者期待通过旅行来认识和了解不同地区的文化、历史和传统；期待能够亲近自然、探索美丽的自然景观；期待参观国家公园、自然保护区、山川湖泊等，进行徒步、观鸟、野营等户外活动，享受大自然的美景和宁静；期待通过旅行结识新朋友，与当地居民和其他旅游者进行互动和交流，参加当地文化讲座、工艺制作课程、户外教育项目等，增加对旅游目的地的了解和学习。

值得注意的是旅游产品生产商需要认真甄别筛选，悉心观察研究，并持续运营和服务于特定的目标用户群体。勾画目标用户画像是一个动态的过程，需要随着目标用户的变化和市场趋势进行更新和调整。因此，持续收集和分析相关数据，并及时更新目标用户画像对于旅游产品生产商而言是非常重要的。

知识卡片

在当今的旅游行业中，随着技术的发展和消费者需求的多样化，如何精准地向用户推荐合适的旅游产品成为一项重要的挑战。针对这一问题，广州易起行信息技术有限公司、广州广之旅国际旅行社股份有限公司通过研究提出了一种基于用户浏览记录信息的旅游产品推荐方法，旨在为用户提供更加个性化的旅游体验。

该推荐方法已获得发明专利，发明专利名称为《旅游行业用户画像构造方法、装置和计算机设备》。其核心为通过分析用户的浏览记录信息，构造出目标用户的旅游画像，并根据画像进行产品推荐。具体而言，该方法包括以下步骤。

首先，获取目标用户的产品浏览记录信息，包括用户浏览了哪些产品，以及浏览的时间、频率等细节，从而全面了解用户的兴趣和需求。

其次，根据产品浏览记录信息确定各产品标签的权重值，据此可以判断出用户对各类旅游产品的偏好程度。

再次，对用户浏览过的产品根据标签进行归类，得到各产品标签对应的已浏览产品。据此进一步明确用户的兴趣点，使推荐更加精准。

然后，根据第一权重值确定第二权重值，该权重值为各已浏览产品对应的产品标签的权重值，旨在综合考虑用户的历史行为和当前需求，为推荐提供更加全面的依据。

最后，根据第二权重值，勾画目标用户的用户画像。据此全面了解用户的旅游偏好和需求，为后续的产品推荐提供有力支持。

该发明专利的优点是通过分析用户的浏览记录信息，能够精准地判断出用户的兴趣和需求，从而为用户提供更具个性化的旅游产品推荐。

（资料来源：广州广之旅国际旅行社股份有限公司）

三、分析目标市场的开发是否符合企业的战略定位

旅游产品生产商须慎重评估目标市场的开发是否符合企业的战略定位。企业的战略定位是指企业在市场中所占据的独特地位和差异化竞争优势。在目标市场的规模和增长潜力可观、其成长性和盈利前景良好、经营风险较低的前提下，旅游产品生产商须考虑对目标市场的开发与企业的经营目标和资源是否一致。企业的经营目标是指企业在特定时间范围内希望实现的具体成果或达到的目标，主要包括盈利、扩大市场份额、提升客户满意度、技术创新和研发、提升品牌知名度、促进可持续发展、促进员工发展等。目标市场的开发越有利于实现企业的经营目标，企业进入该市场的动力越强。

即使目标市场符合经营目标，旅游产品生产商也须考虑企业在该目标市场取得竞争优势所必需的技术和资源。例如，旅游产品生产商是否具有持续的技术创新能力，从而不断推出新技术、新产品或新服务来满足目标市场需求；旅游产品生产商是否具有较强的供应链管理能力，以确保供应链的高效运作，从而降低成本、提高交付速度，并确保旅游产品和服务的质量和可靠性；旅游产品生产商是否拥有具有竞争力的人才队伍，而且管理模式清晰、便于复制，可以迅速在目标市场搭建科学、有效的管理架构；旅游产品生产商是否建立了良好的品牌价值和声誉，而且其企业品牌得到目标市场的广泛认可；旅游产品生产商是否具有较强的数字化技术开拓能力，可以通过电子商务、社交媒体、

大数据分析等工具和平台来拓展目标市场，从而提高目标市场响应速度。

在当前旅游需求个性化，供给逐渐多元化的市场条件下，细分市场的旅游需求具有明显的心理特征和行为规律，需要高附加值的旅游服务，旅游产品生产商要有相应的资源和能力来保障对细分市场需求的深度满足，以强有力的价值定位及由此拓展的精准服务，树立鲜明的企业形象。例如，六人游公司将目标市场定位于需要定制出行服务的高端群体，北京日光山谷将目标市场定位于大都市周边新中产自驾学龄前儿童家庭，新东方文旅进入20世纪60年代出生的老年人旅游市场，推出系列高品质文旅融合类旅游产品。这些都是富有积极意义的尝试。

知识卡片

随着我国城市化进程的加快，都市周边的自然度假产品，因其产品调性高、花费时间少，交通便捷等优势，受到了很多城市家庭的欢迎。每逢周末，一家人到大自然中追求放松、体验生活、深度互动，使身心得到放松。

日光山谷自然度假营地乐园以亲子露营为主要形式，致力于满足都市家庭人群的户外休闲度假需求。该项目客群定位精准。日光山谷致力于服务以"80后""90后""00后"及学龄前家庭、自驾游为主的用户群体，用有限的资源，深挖用户，设计出满足用户深度需求的旅游产品。在占地规模基本在1 000亩以上的日光系营地乐园中，可以为游客提供帐篷营地、房车营地、木屋营地等不同的住宿体验，营地还不断整合周边资源，形成了超过100项不同类型的娱乐项目，其中约有一半是免费的项目，这让日光山谷成为一个小型的度假综合体。

当客群被精准定位，下一步就可以深度挖掘到客群的内在需求。日光山谷围绕改善家庭中的亲子关系，提供更好的亲子互动场景这一核心目的，持续用产品对接顾客的深层需要。他们将产品分为了娱乐、教育和关系三个层次，并认为真正有效的亲子产品是围绕"关系"做出的亲子产品。以日光山谷的骑马项目为例，他们认为，简单的在草原上骑两圈马的活动是一项娱乐的项目；如果有教练教一下马术，学几个标准的动作，或者与马互动的方式，就会提升为一个教育项目；而如果通过一定的设计，由父母牵马，孩子骑马，让父母在这个过程中，时刻关注到孩子的一举一动和一言一行，多点设计的亲子互动场景让这一产品提升为一项关系项目。相对于娱乐项目对应的表层需求、教育项目对接的功能需求，关系项目对接的是内在的情感需求。不同的项目内容，给游客带来的体验有极大的差异。同样是骑马，日光山谷提供了一种满足隐性需求的产品内容。

精准客群定位还可以让营销更加精准。日光山谷主要针对京津冀地区的新中产、学龄前和家庭自驾游群体，项目设计更有针对性，能够对用户进行精准定位，清楚哪些小区、幼儿园、车企俱乐部是日光山谷的客户，从而便于进行精准营销。以上举措为日光山谷带来了不俗的经营业绩。

（资料来源：根据网络资料整理）

🔆 任务实施

"十四五"时期，我国将新增老年人口 5 380 万，是"十三五"时期的 1.5 倍，老年人口总量也将超过 3 亿。在该时期，大批"60 后"新生代老年人群体出现，他们消费能力更强，消费意愿更高，对高品质养老生活有更迫切的期待，品质老年旅游产品的生产与消费将迎来爆发期。

新生代老年人群体可以自由安排自己的旅行时间，但在旅游产品的安全、舒适和性价比等方面有更高的要求。他们愿意追求年轻人的玩法，接受新鲜事物的速度较快，而且具备互联网思维，习惯在网上冲浪、采购各种旅游项目。他们的消费习惯、产品需求等相对于"50 后"的传统老年人正在发生很大变化。新生代老年人受教育程度较高，乐于探索各地的历史文化遗存，体验多元文化，希望通过旅行来拓宽视野和体验新奇的事物；他们享受大自然的美景和户外活动，注重身心疗愈；他们喜欢通过旅行来结识新朋友、扩大社交圈子；他们关注旅行的安全性、便利性和舒适度，更加重视交通安全、餐饮住宿设施的便利性、医疗服务的可及性等因素，以确保旅行的顺利和舒适。

值得注意的是，相对于新生代老年人对品质旅游产品的旺盛需求，旅游产品生产商的产品供给相对滞后，企业对新生代老年人的兴趣和特殊需求关注不够。旅游市场上注重探索、体验、健康和社交的老年旅游产品较为匮乏。

对于旅游产品生产商而言，进入新生代老年人旅游市场可以实现企业的多个经营目标，例如，增加收入和获得利润，新生代老年人有较稳定的收入并且愿意进行旅游消费；拓展市场份额和扩大业务规模，新生代老年人旅游市场是一个相对较新且不断增长的市场，借助于互联网平台，优质的旅游产品资讯将得到迅速传播；建立品牌形象和提升企业声誉，新生代老年人市场对旅游产品品质和服务有较高的要求，同时他们具有较强的客户忠诚度，因此旅游产品生产商可以塑造更包容、更友好的品牌形象；创新和品牌差异化，新生代老年人旅游市场有特定的需求和偏好，企业可以研发具有创新性、差异化的旅游产品，以满足目标市场需求并与竞争对手的产品区别开来。

旅游产品生产商要进入新生代老年人旅游市场，需要具备以下技术和资源。

（1）配备移动应用、智能设备等信息沟通工具。部分新生代老年人掌握了移动应用和智能设备使用技术，旅游产品生产商应提供在线预订、导航指引、服务评价和即时通信等信息沟通工具，便于高效快捷地识别、描述、确定老年人的旅游需求。

（2）采购无障碍旅游设施和服务。例如，采购无障碍客房、配备充足的无障碍厕所或者无障碍厕位的旅游景区、配备无障碍设施的交通工具、营养健康的餐厅等。旅游产品生产商应督促旅游供应商提供无障碍服务，包括但不限于引导扶助、旅行辅具提供、大号字体宣传资料、医疗援助等，以保护老年旅游者的身心健康。

（3）进行专业的旅游咨询和指导。新生代老年人乐于追求新异的旅游方式，但由于体力的限制和对旅途安全的担忧，需要专业的旅游产品咨询服务，帮助他们选择适合的旅游项目和旅游行程，提供旅游目的地的文化、历史和安全方面的信息，减少他们的顾虑，提升其外出旅游的兴趣和信心。

（4）加强对旅游供应商的服务质量管理。新生代老年人注重服务细节，具有个性化需求。旅游产品生产商应加强与旅游供应商等行业合作伙伴的沟通与协作，确保旅游供应商能够提供高质量的旅游产品和专属服务，并保证服务质量的可靠性、一致性和稳定性。

🎓 **思考与练习**

拓展阅读：最火"黄金周"将启，哪些旅游产品卖爆了？

某旅游产品生产商在某省会城市拥有丰富的大众型老年旅游产品和成熟的社区老年旅游市场销售体系，该生产商准备进入某省会城市高端老年旅游市场，请分析此目标市场的开发是否能够发挥该旅游产品生产商原有的竞争优势，并阐述原因。

工作任务二　同业产品分析

📄 **任务引入**

拓展阅读：国内4个小众风光秘境

请认真阅读"国内4个小众风光秘境"的素材，以某类定位于"年轻旅游者旅游＋摄影市场"同业产品为例，分析其综合竞争力和品牌定位。

任务分析

旅游产品生产商分析同业产品的综合竞争力，应重点分析产品的独有特点和创新性、产品的优质和保障性、产品的价格、产品的品牌声誉和知名度、产品的创新营销策略和销售渠道。旅游产品生产商分析同业产品的品牌定位，则应重点分析产品品牌定位的类型及品牌形象。

知识链接

一、分析同业产品在同一目标市场上的占有率

市场占有率又称市场份额，是指企业的某款产品的销售量或销售额在市场同类产品或品类中所占的比重。通常情况下，产品的市场占有率越高，企业的竞争力越强，企业在市场上的地位越高。市场占有率的分析较为复杂，每个行业和市场都有其独特的因素和特点，而相关企业的经营战略、企业进入目标市场的表现、目标市场成熟度又各有不同。市场占有率是一个动态的指标，会随着市场环境、竞争对手策略等因素变化。与此同时，旅游产品生产商还应关注市场动态、行业趋势、产品利润增长前景。

旅游产品生产商分析同业产品在同一目标市场上的占有率，可以采取以下步骤。

（1）界定目标市场范围。旅游产品生产商首先要明确所分析的目标市场范围。目标市场由具有相似需求和特征的子群体组成，这可以基于不同的因素进行，如地理位置、年龄、性别、收入、兴趣爱好、行为等，随着旅游市场需求日益多元化，心理细分、行为细分等因素在界定目标市场范围方面越来越重要。旅游产品生产商应能详细描述目标市场的特征、需求、行为模式，从而明确进入目标市场的产品或服务的特点、功能和优势。另外，有的旅游产品生产商把分析只集中在少数几个细分市场，而且日益交叉几种变量以力争确定更小、更明确的目标群体。旅游产品生产商还应注重潜在客户的统计信息，了解潜在客户的需求、偏好和行为模式，这些将有助于识别潜在的目标市场。旅游产品生产商应根据市场动态，不断优化和调整目标市场的范围。

（2）了解目标市场的规模和潜力。了解目标市场的规模和潜力是分析同业产品市场占有率的基础。例如，目标市场消费者的当前收入、财产储蓄和对风险的态度都会影响目标市场的规模和潜力。了解目标市场的规模和潜力，旅游产品生产商才能将自身的生产能力、产品供应与消费者需求进行匹配，以此

来实现企业的经营目标，从而维持和扩大企业的市场占有率。在此过程中，旅游产品生产商须对市场机会与企业实力进行比较和评估，从而保持市场机会与企业实力之间的相对平衡。同时还需要对竞争对手的实力做客观的评价，如果目标市场规模较大，但是竞争对手已经投入了大量设施设备、资金和人力资源，取得了先发优势，或者，如果目标市场规模太小，旅游产品生产商即使完全占领该市场，仍难以维持企业的生存与发展，那么，旅游产品生产商对该市场的开发也应该采取相对谨慎的态度。

（3）收集同业产品资讯。旅游产品生产商应设置强有力的产品研发部门，敏锐地捕捉同业产品动态，多维度统计核心产品信息，为企业的新产品开发带来正确决策。旅游产品生产商应针对出现在目标市场上的各季度不同旅游目的地的同业产品，做出具体细致的优劣势分析，同时针对这些同业产品的销售业绩，对自身生产的旅游产品相关内容及时进行迭代，以保证自研产品的活力和竞争优势。旅游产品生产商应分析同业产品的出行数据、预订数据，密切关注此类产品的线上评价和评分，并审视自身生产产品的内容和销售业绩，及时调整自研产品的运营策略。

知 识卡片

一些旅游方面的专家认为，随着旅游市场全球化进程的加快，用来划分国际市场的一些传统变量，如地理变量和国家界限等，将会逐渐被心理变量、行为细分所代替。因为它能够更加准确地反映顾客之间的文化异同，从而更加有利于确定目标市场。在一些西方国家，新出现的一些细分市场包括：老年人市场、年轻的单身者、旅游探险者、文化探索者、高尔夫爱好者及其他特殊兴趣团体。

行 为 细 分

不同的旅游者在行为上往往会有很大的差异。因此，按照旅游者的行为进行市场细分是很有效的。依据购买组织形式变量将旅游市场细分为团队市场和散客市场，是旅游市场最基本的细分形式之一。而近些年来散客市场得到很大的发展，成为当前旅游市场的主体。在这一市场中，形式也日益多样化，出现了独自旅游、结伴同游、家庭旅游、小组旅游等形式。比如，有些旅游者在旅游时只乘坐某一家航空公司的飞机或只住某一品牌的酒店，因此航空公司和饭店可以按照这种行为习惯将旅游者分为坚定的品牌忠诚者、转移型的忠诚者和无品牌偏好者，然后通过一系列市场营销活动来扩大市场占有率。

心 理 细 分

在心理细分中，根据旅游者的社会阶层、个性特征和生活方式等心理因素进行旅游市场细分。在同一统计群体的人可能表现出差异极大的心理特征。在定义一个旅游市场时，既要了解旅游者的需求，也要了解需求背后的原因。人们为了生存会有一些基本的需要，这些是人类生理需求，如吃、喝、睡、保暖和生育。人们同样也有精神需求，如被爱、自尊、成就感和社会认同感。

根据马斯洛的五个需求层次，旅游者的旅游动机可以分为以下几类：① 度假旅游；② 商务旅游；③ 保健旅游；④ 会议旅游；⑤ 宗教旅游；⑥ 购物旅游；⑦ 主题旅游（如教育、运动、养生、美容）；⑧ 探亲访友。

每个细分市场的旅游者需求都不同，虽然有些特征是重合的。最明显的区别是度假游客和商务游客，他们对不同的产品有不同的需求，他们的消费模式也不同。度假游客需要较高的服务质量，在做决定时需要时间和指导意见，不断地做价格比较。他们通常度假时间较长，并且受季节、社会和经济因素的影响。商务游客和会议游客做决定较快，通知的提前时间较短，出行时间短、次数多，因为是公司付账对价格不太敏感。对于他们来讲，旅游不是个人选择，不受季节的影响，他们需要的是快捷、方便、灵活和单据齐全。探亲访友的游客往往出游预算较低，对旅游产品和服务的需求低于商务游客和会议游客。

（资料来源：赖斌，朱婕. 旅游市场营销［M］. 2版. 北京：高等教育出版社，2022）

二、分析同业产品的综合竞争力

产品的竞争力是指产品在市场上相对于竞争对手的吸引力和优势。旅游产品生产商须确定主要竞争对手。这些竞争对手包括与旅游产品生产商在同一目标市场竞争的公司或其他类似产品的供应商。旅游产品生产商分析同业产品的综合竞争力可以从以下方面着手。

（1）分析同业产品的独特之处和创新性。同业产品的独特之处可能包括创新的内容设计、创新的产品形式、独特的产品功能或特性等。例如，以"旅行＋社交"为产品核心的某旅游产品生产商，将拥有共同兴趣爱好、受过高等教育的年轻客户聚集起来，通过打造摄影游、户外游、亲子游、瑜伽游等众多旅游产品，将旅游者碎片化、个性化的需求整合在独具体验感的产品和服务中，创建了全新的出游方式和体验。

（2）分析同业产品的优质性和保障性。优质的旅游产品具有卓越的性能和质量，能够满足旅游者的需求并提供出色的用户体验。保障性的关键是旅游供应商服务质量的稳定性。例如，专注于川藏旅游的某旅游产品生产商，在产品的研发上始终寻求触动旅游者内在的情感和情绪的切入点，深入挖掘内容元素，该企业开发的深度游九寨沟产品，团型为 10 人小团，在保留了核心景点的前提下，植入了藏文化元素，形成了以藏香制作和手抄地道藏式经文为主的藏文化体验项目；让旅游者深入当地居民生活，和藏族同胞一起过林卡节，尽情地体验当地民俗。该产品的体验价值深受旅游者的好评，但是藏文化体验项目的采购具有不确定性，且服务品质也受到多种因素的制约，因此，在产品的保障性方面有所欠缺。

（3）分析同业产品的价格。旅游产品的价格是连接产品供求关系的纽带，旅游产品的价格不仅涉及旅游产品生产商的盈利与可持续发展，还对资源配置的效率有着重要影响，是旅游市场运行的指示器和调节器，具有综合性、复杂性、波动性等特点。旅游产品生产商应分析同业产品的价格，尤其是同业产品的战略性价格及战术性价格。战略性价格是旅游产品生产商在生产产品之前数月就在各种传播渠道上面公布的价格，也就是常规或公开价格。战术性价格是旅游产品生产商准备以周、日或小时为单位开展业务的价格，也就是折扣或者促销价格。

（4）分析同业产品的品牌声誉和知名度。企业拥有良好的品牌声誉和知名度可以增加产品的竞争力。旅游产品品牌声誉是旅游者对品牌的认可和信任度，而知名度则是旅游产品在目标市场中的知名程度。有价值的品牌可以帮助企业在市场上建立竞争优势，吸引更多的消费者，并占据更大的市场份额。旅游产品生产商应关注同业产品的品牌是否被目标市场所熟悉和信赖，目标用户是否会重复购买和向其他人推荐，以及同业产品品牌的附加值是否为目标用户接受，并愿意为其支付更高的价格。

（5）分析同业产品的创新营销策略和销售渠道。旅游产品生产商应关注同业产品的市场推广、数字营销、社交媒体营销及与零售商和分销商的合作关系。例如，某旅游产品生产商进入本地生活业务板块，通过打造"周末请上车"品牌及组织策划丰富多彩的城市社区活动，让本地居民在熟悉的城市空间中感受全新的体验场景，开发出本地生活的潮流活动、新鲜玩法，与本地多家新型休闲业、商业服务商合作，开展了上百场活动，将旅游产品的销售渠道与休闲服务业、零售业的销售渠道打通，迅速提高了产品的曝光率和影响力。

产品的竞争力分析是一个持续的过程，旅游产品生产商需要对市场动态和同业产品进行定期分析，以保持自研产品的竞争优势和不断提升自研产品的价值。

三、分析同业产品的品牌定位

产品品牌涵盖了产品或服务的标识、名称、符号、设计和声誉等方面，用以区分和识别企业或组织的产品。产品品牌定位是指企业为了在目标市场中与竞争对手区分开来而确定的独特且有意义的位置。产品品牌定位有助于目标用户理解和认知产品的独特价值和特点。旅游产品生产商分析同业产品的品牌定位可以从以下方面着手。

（1）分析同业产品品牌定位的类型

同业产品的品牌定位类型分为价值定位、创新定位、品质定位、可靠性定位、社会责任定位。价值定位为提供最高性价比的旅游产品，以吸引对价格敏感但又不愿牺牲品质享受的旅游消费者。创新定位强调旅游产品的新颖性、技术先进性和独特功能，以吸引追求时尚的旅游消费者。品质定位强调旅游产品的高品质、独特设计，以吸引注重高品质和极致体验的旅游消费者。可靠性定位强调旅游产品的质量保证和可靠性，以吸引重视安全保障的旅游消费者。社会责任定位强调旅游产品的环保属性、生态价值、扶助弱势等方面，以吸引注重环保、可持续发展、包容多元价值观的旅游消费者。

（2）分析同业产品品牌形象

产品品牌形象是通过品牌的标识、品质和信誉、故事和价值观、体验、声誉等多个方面所形成的。其中，产品品牌标识是品牌最直观的可识别符号，通过独特的设计和形象来引起旅游消费者的注意；产品品牌的品质和信誉是塑造品牌形象的重要组成部分；产品品牌的故事和价值观是品牌形象的重要方面，通过传达品牌的故事、理念和使命，产品品牌可以在旅游消费者心中建立起情感联系和认同感；产品品牌的体验是旅游消费者与品牌互动时所感受到的感觉和经历；产品品牌的声誉是通过社交媒体、口碑传播和旅游消费者之间的互动来建立的。旅游产品生产商在分析同业产品品牌标识时应关注其是否简洁易懂，有助于旅游消费者快速识别和记忆品牌，以及是否与品牌的核心价值观和目标市场相一致。同时，同业产品特定的旅游主题、旅游目的地特色的提炼与表达、峰值活动体验方案的设计等对产品品牌品质的影响亦需要得到重视。同业产品优质的服务水平，行程安排的特色和亮点，与供应商合作是否紧密，都对同业产品品牌信誉和声誉有着重要影响。

分析同业产品的品牌定位是一个动态、长期的过程，旅游产品生产商需要进行综合分析和规划，以目标市场需求为导向持续分析市场竞争信息，从而为自研产品的品牌定位提供科学有效的决策参考。

任务实施

旅游产品的开发关联带动面广，涉及诸多要素组合，作业流程的环节较多。因此，旅游产品生产商对同业产品综合竞争力和品牌定位的分析，既需要关注产品本身内容和形式的打磨，也需要关注产品技术开发、产品供应商管理、产品运营流程重构、产品技术团队的组织架构等系统构建。

某旅游产品生产商坚持深耕年轻旅游者旅游＋摄影市场，对同业产品进行了充分的文献和实地探访相结合的市场调研，充分挖掘目标市场小团化、自驾游、自由行、熟人搭伙出行的市场需求，产品经理对满足类似需求的同业产品做了精细分析和判断，避开同质化要素，精准把握旅游目的地文脉，推出系列原创性和感召力较强的自研产品。某旅游产品生产商坚持"打通最后一千米"的理念，以产品小组深入旅游目的地探访的方式与掌握稀缺资源的旅游服务供应商深度磨合，以寻求供应商提供与众不同的特色服务，这些服务项目的推出基于对同业产品供应商服务的了解，以及激发供应商深度合作意愿和创新活力的基础之上。在产品的创新营销策略和销售渠道方面，某旅游产品生产商了解同业产品市场推广的优势和局限，力求别具一格，根据目标市场需求进行精准营销，将摄影旅游定义为"旅行＋圈层＋跨界"，认为其核心在于社交，通过小视频、旅游攻略、社区、公众号及旅游目的地营销系统为目标用户提供丰富的产品内容信息，打造出完善的旅游社区生态营销体系。

某旅游产品生产商认真分析同业产品的品牌定位类型及品牌形象，敏锐地判断出旅游＋摄影强势品牌不足，对目标用户心理和行为把握不到位，个性化定制服务难以复制以致产品规模化受限、专业人才急缺、品牌形象模糊及知名度低等行业痛点。因此，该旅游产品生产商制订了完善的品牌运营计划，推出房车旅游、露营旅游等轻奢产品，发挥自身视觉设计优势，联合知名摄影师打造颇具影响力的摄影视频号，根据品牌定位与产品定位进行视觉识别系统设计，形成极具吸引力的整体视觉设计效果；制订了不同旅游产品项目品牌运营计划，逐项落实，以提高品牌运营效率；意识到专业人才的匮乏制约了整个摄影旅游产业的发展，致力于培育和提升产品经理团队的专业知识，以标准化的方式积累和复制关键岗位掌握的专业知识和共同知识，快速提升人才培训与顶岗实践效率，从而人均创利能力得到较大提高。

拓展阅读：第四届"中国服务"旅游产品创意案例汇编

🎓 **思考与练习**

请以当地市场的夏令营产品为例，分析三家旅游产品生产商的产品综合竞争力。

工作任务三　旅游产品市场定位

任务引入

　　请认真阅读"'文旅＋景区＋沉浸式'营销新思路实践"的素材，以某旅行服务平台推出的大型沉浸式剧本杀体验活动为例，分析其综合竞争力和品牌定位。

任务分析

　　分析旅游产品的综合竞争力应明确旅游产品的技术优势、采购优势、价格优势和品质服务优势。而分析旅游产品在目标市场上的品牌定位则建立在确定品牌的目标市场及品牌在目标市场中竞争优势的基础之上。

知识链接

一、从技术、采购、价格、品质服务等方面明确旅游产品的竞争优势

（一）旅游产品的技术优势

　　旅游产品的技术优势主要体现为产品内容和形式的创新能力。在竞争激烈的旅游市场中，新颖独特的旅游产品可以吸引更多的旅游者，为旅游者提供个性化的体验，满足旅游者对独特和个性化旅行体验的需求，促使旅游目的地根据自身的特点和优势提供更具特质的旅游产品，从而提高旅游目的地的知名度和竞争力。旅游产品生产商应不断提升旅游产品的创新能力，满足不断变化的市场需求。

　　在市场经济条件下，旅游产品生产商的竞争过程主要通过模仿和创新来进行。例如，一家旅游产品生产商通过多种方法发现了创新产品的市场机会，并创造了新的体验价值，从短期来看，因为旅游者没有其他选择，因此这家企业可以赚取较高利润。但其他旅游产品生产商看到这样的情形后，便会开始模仿及跟进类似的创新产品，甚至会在此基础上引入更多的创新，创造出更好的旅游体验。因为这样的市场机制及现象存在，所以旅游产品设计领域很少有静态的企业壁垒，大多数旅游产品生产商的壁垒其实是"效率"，或者说是"时间差"。因此，旅游产品生产商高效率地创新，通过产品技术创新、迭代维护

来提高体验价值，是提高旅游产品竞争优势的重要举措。

旅游产品生产商在开发创新型产品时，有自主创新、模仿创新和引进创新3种方式可以选择。自主创新是指旅游产品生产商主要依靠自身的技术力量进行研究开发的一种创新形式。模仿创新是指在同业率先创新的示范影响和利益诱导下，旅游产品生产商通过合法手段引进技术，并在该技术的基础上进行改进的一种创新形式。引进创新则是指完全引进别人率先创新的技术，并相应支付技术或专利使用费的一种创新形式。不同类型的创新型产品，其开发成本是不一样的。其中，自主创新型产品的成本最高，但一旦获利会产生较高收益，而且可以为后期系列产品的开发提供基础，减少了后期产品研发、技术创新的投入。

值得注意的是，旅游产品设计的技术优势取决于旅游产品生产商的团队建设能力。旅游产品创新的关键在于发现市场中刚刚萌芽的机会，由于旅游市场变动剧烈，市场信息具有不确定性，对市场获利机会的判断及相应的抉择，既需要偶然触动的灵机，更需要长期经验积累获得的洞察力，以及产品开发过程中试错的能力。旅游产品的技术团队和服务团队的核心技能应是发现市场获利机会的能力，而且是以团队价值共创的形式发现，不只是突出个人的贡献。市场获利机会发现之后还有实现获利的过程，该过程影响因素众多，因此，从旅游产品生产商的角度来分析，市场获利机会的长期关键因素是团队建设能力，抓住机会和最终实现获利，都相当依赖团队建设能力。

旅游产品生产商在产品开发方面的决策，依靠的是技术团队和服务团队相关人员对专业知识的掌握程度，以及鼓励创新、鼓励提出建议和平等包容的企业文化，以利于旅游产品运营相关岗位的人员做出超过市场平均水准的决策。技术团队和服务团队相关人员的专业知识是企业核心竞争力的来源，这些专业知识既包括客户、市场、行业、政策法规等相关知识，也包括企业内部运行机制、文化价值观，以及企业内其他人的工作内容和个人能力风格偏好等属性。这些专业知识可以分为两种：显性知识，默会知识。显性知识是可以通过语言文字符号表达或传递的知识。默会知识是一种只可意会不可言传的知识，无法通过语言文字符号表达。技术团队和服务团队相关人员在个人的工作中持续获得和积累的知识，如果通过语言文字转换为显性知识就可以被传播，成为定制旅游产品生产商的共同知识。旅游产品生产商把员工个体积累的默会知识不断转换成显性知识并变成企业共同知识的这个过程，是创新的常见过程。

旅游产品生产商积累的共同知识越多，企业内组织效率就越高。旅游产品生产商关键岗位掌握的专业知识和共同知识超过市场平均水平越多，企业的效率优势就越大；而如果这些关键岗位的人才流失率高，而且专业知识和共同知识含金量较低，甚至低于市场平均水平，对企业而言意味着核心竞争力的丧失。一定程度上，可以借鉴一些日本企业采用的"橄榄球式产品开发方式"，这种开发方式的特征就是有各阶段的"交叠"或"跳跃"，要求拥有分权式、跨部门的、广泛的知识交流机制。

旅游产品的创新开发对客户资源和旅游供应商渠道资源均有依赖，因此，技术团队和服务团队在产品创新方面的积累、成员之间的磨合度、与平台的匹配度、对客户和产业利益链上的了解和信任，均会增强旅游产品生产商的竞争优势。旅游产品生产商对绩效 / 体验、创新 / 保守的取舍，技术团队和服务团队所负责的产品在当前阶段的复杂性和不确定性的高低，团队成员专业能力和推动能力的高低，团队负责人的人际能力和决策能力等，均会影响团队建设的效益，进而影响到旅游产品的市场竞争力。

（二）旅游产品的采购优势

旅游产品的采购优势具体体现如下。

1. 大交通、区域交通和餐饮住宿的采购是否有保障性

旅游产品生产商在开发旅游产品时，要重视大交通、区域交通和餐饮住宿的采购是否有保障性。航班、高铁及旅游客车的采购，既要考虑安全保障又要考虑性价比，以及旅游旺季供应的稳定性。餐厅的卫生状况，消防设施设备的配备，餐饮器具、菜品、餐饮环境的整洁，餐厅的容纳量及服务人员的素养，都会影响到餐饮采购质量的稳定性。饭店类型、位置、品牌、房型是住宿类产品资源的竞争力要素。饭店的服务也会增加旅游产品的附加值，影响旅游者的满意度。为提高餐饮住宿的采购保障性，须定期检查供应商服务的合法性以及安全可靠性，确保供应商服务价格具有竞争力且增加供应商的价格透明度，确认采购合同里有明确的保障供应连续性的条款；保持多元化的供应商网络，建立应急预案，在某供应商出现供应中断时可以迅速采用替代方案。

2. 采购价格是否有竞争力

旅游产品要素的采购价格与产品的成本和利润直接相关。旅游产品生产商要核算采购价格是否有竞争力，需要对旅游产品的单项要素进行拆分比对，既要查询网络平台上该要素的价格，也要对比同业对此项要素的报价。重要的采购项目需要比对多个渠道的相同要素的价格。对旅游产品要素进行单项核价时，应注意该要素的成本单位不能计算错误。在和旅游供应商讨论采购价格时，不应以降低产品的品质为前提来降低采购价格。

旅游产品生产商要提升采购价格的竞争力，还可以考虑批量采购、预付定金或预先支付以获取折扣、与供应商缔结战略合作关系、季节性购买以利用淡季价格优势、减少中间环节直接与供应商合作、成本控制和产品内容优化、分析采购市场数据以抓住成本最低点进行采购等策略。

3. 采购质量是否符合要求

旅游产品生产商还需重视旅游供应商管理。旅游供应商是在旅游产品运

营过程中，为旅游者提供各项具体服务的单位。旅游产品生产商应选择具备合法资质的接待单位作为旅游供应商，确保旅游供应商能提供符合约定的服务；与旅游供应商签署合作协议，并对服务要素及质量进行明确约定；保留与旅游供应商之间确认采购服务要素的质量、价格及相关说明的往来书面记录并留存业务档案；应建立旅游供应商的信誉档案，每年进行旅游供应商的安全与质量评估工作，并与旅游供应商建立安全与质量沟通机制。对于不符合要求、发生过安全责任事故的旅游供应商应及时沟通，要求其改进服务质量，拒不改正的，应及时予以淘汰。

4. 旅游供应商的支持力度

旅游供应商是否愿意提供在协议之外的特需服务，以及在紧急事件爆发时尽力与旅游产品生产商协作以减少合作企业的损失，尽力安置旅游者并安抚旅游者的情绪，都是旅游供应商支持旅游产品生产商的表现。旅游产品生产商要高度重视旅游供应商对产品运营本身的接待能力、赔付能力、支持力度，尤其在自然灾害等不可抗力事件发生时，旅游供应商如果能够积极协助旅游者以减少损失，就是对旅游者负责任的表现，也就是在减少旅游产品生产商的损失。旅游产品生产商遴选旅游供应商时应将应急预案作为重要考量，不可抗力事件发生后应及时与旅游供应商沟通，对积极支持企业的旅游供应商给予正面积极的回馈，耐心说服消极应对的旅游供应商，以得到最大可能的支持。同时做好旅游供应商行为记录，适时调整，动态更新，及时指引旅游供应商采取各方利益最大化的行为。

（三）旅游产品的价格优势

旅游产品的价格优势是相对而言的，如果把控制成本提高利润作为首要目标，而不顾及客户满意度，这种态度最终会损害企业的发展。成功的旅游产品生产商往往会发现，最好把利润看作良好的企业经营的结果，而不要把它视为企业经营的单一目标。因为企业若能满足客户的需要，客户就会为产品支付合理的价格，而合理的价格包含了企业所期望的利润。旅游产品的主要卖点是较高的内在价值，而不是价格。

旅游产品的价格优势是相对于同业产品而言的，是指在保障产品品质的前提下，其价格更有竞争力。

旅游产品生产商取得旅游产品价格优势，可以考虑以下做法。

1. 合理确定定价目标

旅游产品生产商往往会在不同的时期确定不同的经营目标，而这种既定的经营目标对旅游产品价格的制定常常产生重大影响。当旅游产品生产商把利润最大化作为主要经营目标时，对产品往往会采用高价策略。当旅游产品生产商想要维护市场稳定时，往往会采用市场通用价格定价法。当旅游产品生产想要维持企业生存时，一般会推出价格低廉的旅游产品。当旅游产品生产商想快速占领市场，就会制定低于同业产品的价格，以实现在短时期内迅速扩大旅游产品的销售量，提高旅游产品在旅游市场上的占有率的目标。旅游产品生产商应根据市场竞争现状，充分考虑企业自身的经营需要，合理确定旅游产品的定价目标。

2. 遵循政策法规的相关规定

旅游产品生产商在定价过程中还需要遵循国家政策法规的规定，如《中华人民共和国旅游法》《中华人民共和国价格法》《中华人民共和国消费者权益保护法》《中华人民共和国反不正当竞争法》等法律的规定。例如，《中华人民共和国旅游法》（以下简称《旅游法》）第三十五条规定，"旅行社不得以不合理的低价组织旅游活动，诱骗旅游者，并通过安排购物或者另行付费旅游项目获取回扣等不正当利益。"所以零负团费均违反了法律规定。

3. 敏锐捕捉市场需求

旅游者的需求具有波动性，这种波动性影响着旅游产品的定价。例如，每年5月到11月，旅游者外出旅游需求旺盛；12月到来年4月，旅游者外出旅游需求较少，导致旅游产品生产商一个周期内的销售利润趋势呈现波动。旅游产品生产商就要针对市场需求调整旅游产品的价格，以刺激淡季时的需求，并利用旺季获取合理的利益回报。同时，旅游产品生产商还应关注旅游目的地供应商在旅游淡旺季为刺激需求推出的价格优惠政策，以做好组合产品的价格调整，在保障产品品质的前提下，推出具有市场吸引力的优惠价格。

4. 建立采购协作网络

旅游产品生产商应建立采购协作网络，以达到保证供应、控制采购成本、取得旅游产品价格优势的目的。采购协作网络是指旅游产品生产商为了保证所需旅游服务的供给，通过与多个旅游供应商就合作内容与合作方式达成共识，签订合作协议，明确双方的权利、义务及违约责任，进而建立相对稳定的旅游服务供应系统。旅游产品生产商可以通过大量采购、合理安排资源以获得更好的价格协商能力等方式来降低采购成本，也可以通过旅游供应商服务项目淡旺季价格的不同来控制采购成本，还可以在旅游供应商做促销活动和推出优惠政策期间获取更有竞争力的价格。

（四）旅游产品的品质服务优势

旅游产品是满足旅游者需求的服务性产品。旅游产品具有无形、不可储存、不可转移的特点，旅游产品的特色、质量、吸引力必须能够适应市场需要。旅游服务是旅游产品的核心内容，如果旅游产品提供的旅游服务与旅游者的需求不相匹配，旅游者会改变购买决策，对于旅游产品生产商而言，容易衰败、耗损的旅游产品一旦销售不出去，会给企业造成亏损。因此，旅游产品生产商应对旅游供应商提供的旅游服务进行组合，旅游产品、旅游服务的组合是否符合旅游者对产品特质的感知，关乎旅游产品的成败。旅游产品生产商若要取得旅游产品的品质服务优势，可以采用以下做法。

1. 对单项旅游服务进行组合，有相对统一的要求或者集聚的目标

单项旅游服务较难满足综合需求，对于旅游产品而言，对单项旅游服务进行组合，有相对统一的要求或者集聚的目标，可满足旅游者的多项需求。例如，周末外出度假的夫妻希望在一个优美的环境里度过休闲时光，乡村游旅游产品中的周边风景宜人的民宿和别具风味的餐食，可以满足他们的需求。该产品中涉及乡村游览点服务、乡村住宿服务和乡村餐饮服务，各项旅游服务可能由不同的旅游供应商提供，但相对统一的要求是营造出自然、轻松的氛围。

2. 树立旅游产品服务价值的独特形象

旅游者如何感知旅游服务的价值将决定他们是否选择该产品。旅游产品生产商若将注意力集中于旅游产品的服务价值，并树立一个清晰、引人注目、与众不同的形象，就能够在旅游产品的目标市场占据有利的位置，旅游产品生产商还应为该产品策划一个有别于竞争者产品的形象，以在旅游者心目中取得优势地位。例如，某旅游产品生产商为旅游者采购了具有特色服务的高星级饭店，饭店除提供装饰优美的客房，不同风格的餐厅，美容院、室内游泳池和健身房等常规服务之外，还提供优质的厚毛巾、高端品牌的肥皂和洗发水、特大枕头和上等毛毯等增值服务，较大地提升了旅游者的满意度。再如，某滑雪场与其他所有滑雪场一样，提供整洁的滑道、各种升降设备、可租用的滑雪工具及其他所有标准服务，但是它也增加了几项特殊服务以吸引更熟练的滑雪者，如限制售票（同时适当提高票价）以减少排队等候的时间，提供比其他滑雪场更精美的食物，营造高端滑雪场的形象，请专门的服务人员帮助滑雪者穿卸滑雪设备，提供免费通宵滑雪设备储存服务等，这样使它与其他滑雪场区别开来。

3. 指导旅游供应商提升旅游服务的文化内涵和体验质量

旅游产品生产商应基于旅游者体验最佳原则，在保障安全的前提下，指导旅游供应商提升旅游服务的文化内涵和体验质量。旅游者是旅游活动的主体，旅游者体验价值是旅游活动意义的重要体现。旅游者体验价值是旅游者在消费旅游产品、体验旅游服务、参与旅游活动的过程中，对众多交互旅游要素所产生的整体性体验。旅游者不仅仅是消费者，更是旅游体验价值的创造者，旅游者会利用时间、金钱、知识和经验等个人资源通过与旅游供应商的互动创造出自己的价值。无论是旅游产品生产商还是旅游供应商，都应以旅游服务生态系统构建的理念与旅游者一起共同创造旅游体验价值。

旅游服务生态系统由多个利益主体组成，是各利益主体在旅游服务交换

过程中通过共享的制度逻辑和价值共创而连接的相对独立、自我调节的系统。综合来看，旅游者体验价值依赖于旅游产品生产商、旅游供应商等多个利益相关者提供的服务，它们的合作共创行为是实现旅游者体验价值的基础。旅游产品生产商应致力于通过制度协调和利益赋予，激励和引导旅游供应商为旅游者提供高附加值的旅游服务。旅游者也参与旅游服务生态系统的内部互动和服务交换，通过信息共享和意见反馈，与旅游产品生产商、旅游供应商等企业形成动态、平衡、交互的整体。旅游者的需求成为旅游产品创新发展的源泉。

景区的基础设施及相应服务的好坏影响旅游者体验价值的高低。对于历史文化主题的景区而言，环境氛围是旅游者感知文化的前提。因此景区便利的游憩设施、高水平的讲解服务、逼真的仿古场景，均会令旅游者有穿越千年的感受。旅游产品生产商需要为旅游团队做专项游览活动安排和安全风险防范预案，有时会细致到景区里节目表演的内容、出场表演的演员、表演时间的长短、表演的场次，以及小吃、餐食的品种和价格，风险项目的安全告知和警示，都需要精心设计，再由服务团队认真执行。景区在旅游团队游览的特定场景下，成为由旅游产品生产商通过共享的制度安排和服务交换的相互价值创造而连接的相对独立的、自我调节的系统。值得注意的是，旅游者在参与资源整合中始终处于核心地位。旅游者调动自身的多感官参与体验价值共创，融入自身的知识、文化、情绪，创造独特的体验价值。旅游者的需求也促使旅游产品生产商和该景区联动，不断升级产品，增加新的业态，逐渐形成完整的旅游产品体系。

4. 根据客户需求，推荐并规划特色旅游服务

部分追求极致体验的旅游者，需要特色旅游服务资源。旅游产品生产商应根据客户需求，采购此类项目及服务。以水上旅游项目为例，某豪华小型观光河轮公司开辟秘鲁亚马孙河及柬埔寨与越南之间的湄公河航线，提供专业、独到的水上旅游服务。该小型河轮船只皆由建筑师定制建造，有的小河轮只有 16 间套房，有的仅有 20 间套房，让旅游者体验精致的住宿设施，船上服务人员按照旅游者人数 1∶1 配比，为旅游者提供专注的服务。行程当中旅游者还能参加专业向导带领的自然探险、品尝美食大餐、通过骑行或皮划艇深入探索目的地、由专业厨师带领参观当地集市并教授烹饪课等，每项活动的人数为8~10 人，确保每一位旅游者都会获得贴心的照顾。该公司始终坚持融入当地文化，小河轮基本平均每 7~9 小时行驶到一处新的景点，旅游者每日醒来都会看到上下游不同的风景。旅游者每天有两次下船机会，每次约 2.5 小时活动时间。因此旅游者在旅途中每天可以探索两处不同的区域。船上配备的导游对当地旅游资源的了解非常详尽，对于当地文化的解读也很独到。在包船的情况下，该公司可以根据国籍、偏好，在语言、船上体验等各个方面都做到定

制化服务。

二、确定旅游产品在目标市场上的品牌定位

旅游产品在目标市场上的品牌定位是该产品与同业产品具有明显区分的独特定位和形象，建立在确定品牌的目标市场及品牌在目标市场中竞争优势的基础之上。应注意确定产品提供的旅游体验独特之处、产品的品质和专业性。例如，如果品牌定位是高端旅游产品，这类产品注重提供高品质、高端服务，适合追求豪华体验的目标用户。品牌的宣传重点可以放在奢华的度假地点、豪华的住宿和餐饮设施，以及特色的高级体验项目等方面。再如，若品牌定位是探险性质的旅游产品，这类产品注重提供独特、令人兴奋的探险体验，吸引那些喜爱冒险和探索的目标用户。品牌的宣传重点为产品提供的冒险活动、野外探险的目的地，以及专业的导游和设备装备等方面。如果品牌定位是家庭友好型的旅游产品，这类产品注重提供适合全家人参与的活动和设施，吸引那些寻找家庭度假和亲子体验的目标用户。品牌的宣传可以强调产品提供的亲子活动、儿童友好的设施，以及安全和便利的环境等方面。

由于旅游市场环境和目标市场需求是不断变化的，旅游产品的品牌定位需要进行适时的调整和优化，以保持与目标市场的契合度。旅游产品生产商在建立新产品的品牌定位、维持现有产品品牌定位及改变现有产品品牌的当前定位（重新定位）之间具有差别。在进行新产品品牌定位时，旅游产品生产商需要从零开始树立产品形象，因为旅游者对它没有印象。新产品品牌定位可以依托企业意向中的目标市场选择，改进相关旅游服务组合，以匹配所选细分市场的需求。例如，如果某个旅游度假区把单身旅游者作为目标市场，就不需要配备儿童游乐场。对于现有的旅游产品，旅游产品生产商必须经常评估其品牌形象，并决定是维持它还是改变它。例如，某企业决定推出新产品以开拓商务旅游者市场，那么就需要对自身产品的定位及旅游服务组合进行重新评估。如果发现其现有品牌定位和旅游服务组合稳固而足以抵挡新的竞争行动时，可以维持现状；反之，企业就需要为产品和服务策划新的形象和品牌定位，以便有效适应因竞争引起的变化。

当旅游产品给目标市场的印象是有相似的替代品，且市场供给过剩时，价格战将会打响。如果旅游产品成功实现了品牌化定位，即使市场同类产品供给量大，也能在潜在用户的心目中树立其独特性，这样就降低了用户对替代产品的感知和对价格的敏感。通过提高旅游产品的品牌附加值，增加旅游产品所提供的利益，从而可强化根据产品品质、品位而非最低价格进行选择购买的理由。

旅游产品生产商应设立整合产品品牌管理运作团队，运用移动互联网数

字营销工具提升产品品牌传播率、开展产品品牌形象策划，不断健全产品品牌培育、评价和推广机制，完善产品品牌战略和产品品牌建设运营管理体系。

任务实施

当下，剧本杀以其更具体验感、强社交属性，正在成为年轻人的新娱乐方式。某旅游服务平台在坚持"以年轻态的方式，为用户提供更具竞争力的产品和服务体验"的目标与宗旨时，也一直推崇"有文化基因内涵"的旅游新方式，接续推出了年轻旅游者热爱的剧本杀文化旅游系列活动。

2021年11月，某旅游服务平台联合剧本杀行业顶尖品牌——推理大师，结合滕王阁本身的历史文化元素及背景，精心打造了《宴游飞阁》剧本杀，推出大型古装沉浸式活动，线上打造"真人角色扮演，感受滕王阁神秘之夜""乘机穿越盛唐时代，真相由你来揭开""从万米高空开始的剧本杀"等趣味话题，邀请人气演员担任剧本体验官，线上线下向用户发起体验邀约。用户打开推理大师小程序，即可免费体验线上剧本，写下体验感受，参与免费机票、门票抽奖系列活动。并联合推理大师、昆明航空，推出机上剧本杀主题航班，开创文旅沉浸式新玩法，原创定制和品牌结合的剧本剧情、人物、道具等，产出大量优质的内容，深受年轻旅游者的好评。现将该产品的综合竞争力分析如下。

该产品的优势明显，产品的内容和形式具有很强的创新性。某旅游服务平台联合了多家著名景区、旅游街区，合作机构的场景营造和服务特色均具有强烈吸引力，深受年轻旅游者欢迎。例如，位于西安的"长安十二时辰主题街区"，高度还原了唐风市井文化场景，让人沉浸式感受唐文化；滕王阁被誉为"江南三大名楼"之首，有着厚重的文化底蕴。这些景区和旅游街区也迫切需要引进年轻旅游者喜爱的叙事性、场景感、互动性体验方式，从而推动产品的转型升级，因此在产品开发上配合度很高，保障了产品良好的体验度。同时，该平台合作的剧本杀机构也颇具影响力，能够持续输出令年轻人喜欢的优质内容，并巧妙地与旅游场景和氛围融合。

该产品的采购优势体现在某旅游服务平台与合作机构的价值共创机制建设方面。某旅游服务平台利用强大的在线旅游资源，运用数字技术和社交媒体，不断推出动态套餐和常客计划，聚集起庞大的年轻旅游者群体。而剧本杀品牌推理大师拥有不断更新的剧本剧情、人物、道具等，提供了源源不断的话题和内容。平台的凝聚力与内容的感召力相结合，双方不只是传统的采购与供货关系，而是形成了价值共创、合作多赢的战略联盟。

该产品的价格优势在于某旅游服务平台强大的在线旅游资源，可以实现系统内资源整合，通过多种产品优惠叠加的方式让利于年轻旅游者。

该产品的服务颇具特色。某旅游平台于 2022 年与长安十二时辰主题街区独家合作，共同打造百人沉浸式体验活动，面向全国邀请百位汉服、沉浸式体验爱好者共赴西安，体验古时长安的盛世繁华。活动当天，某旅游服务平台和长安十二时辰主题街区推出了定制剧本，剧本结合大唐的历史文化元素及背景，融入了某旅游服务平台的品牌文化，将古典和现代融合。长安十二时辰主题街区在商业空间中融入了电视剧《长安十二时辰》IP 和唐风市井文化内容，靖安司、望楼、花萼相辉楼等剧中经典场景得到 1∶1 还原。在剧本游戏中，参与人员不仅可以选择自己喜欢的职业和身份，换上唐服、点染唐妆，在不同场景、人物关系中深度体验超强的角色代入感，还能欣赏 NPC（non-player character，游戏中的一种角色类型，意思是非玩家角色，即电子游戏中不受真人玩家操纵的游戏角色）精彩表演。

该产品在目标市场上的品牌定位清晰，其目标市场为年轻旅游者，品牌在目标市场上的竞争优势如下。

（1）剧本杀爱好者本身形成了一个独特的社交圈层，该圈层有自身的沟通特点和话语体系，而且用户黏性较强。该产品聚焦这些年轻旅游者的旅游及消费习惯，从他们内心需求出发，通过提供全新产品和服务，借助圈层文化，刺激新需求的产生，进而实现年轻旅游者招揽和用户黏性的进一步提升。

（2）相对于某旅游服务平台竞争对手的做法，如主打城市旅游的"周末请上车""奇妙旅行节"等产品，该产品着力于用年轻人热衷的玩法打开市场。年轻旅游者喜欢"新、奇、特"，注重体验，愿意追求尝试新生事物，从而驱动了文旅行业向深度和广度拓展，他们对穿越、玄幻、科幻等新奇有趣味的话题或游戏天生充满好奇心，更倾向于为之探索和实践。

拓展阅读：深化剧本杀与旅游深度融合需重点关注四个方面

同时，该活动的成功举办，也提升优化了旅游目的地周边游新业态，助力旅游目的地周边游的高质量发展，某旅游服务平台也因此获取了更多旅游目的地的合作资源。

思考与练习

某旅游产品生产商推出"打卡北京古都风貌周末骑行"系列团队游产品，请分析该生产商应采取哪些措施，以取得产品的品质服务优势。

工作任务

- 定制旅游产品策划创意流程管控

- 定制旅游产品制作流程管控

- 定制旅游产品供应商管理流程管控

职业技能要求

- 能评估旅游目的地的旅游可进入性，优先选择无障碍环境建设完善的旅游目的地，并积极推动旅游目的地建设

- 能确定定制旅游产品开发方向与企业的战略发展目标是否一致

- 能确定定制旅游产品开发所需的经费投入、人力投入，以及确定产品的盈利目标

- 能评估旅游产品策划创意流程的合法合规性，能指导和监督风险防范预案的执行，能制订残疾人、老年人、未成年人等特殊人群旅游风险防范预案并指导和监督执行

- 能对购进的旅游服务项目进行控制、验证，注重采购活动的必要性、合理性与规范性

- 能从艺术性、舒适性、安全性等角度出发，进行定制旅游产品节点规划和体验活动设计，并进行修正和完善

- 能归类分析定制旅游产品行程说明书撰写存在的问题，并提出整改方案

- 能进行定制旅游产品的定价，并从是否有利于市场竞争的角度适时提出价格调整方案

- 能指导和监督供应商档案的建立，定期对供应商档案进行检查，并适时提出调整和完善方案

- 能确定供应商评价的指标和权重，指导和监督供应商服务绩效评价工作，并适时形成评价报告，提出提高供应商服务绩效的对策

- 能制定供应商激励与退出的机制，并指导和监督执行

必 备 知 识

一、定制旅游产品策划创意

定制旅游产品策划创意是开发定制旅游产品的具有创造性的谋划和设想。

二、无障碍环境建设

无障碍环境建设指为有无障碍需求的社会成员自主安全地出入建筑物及使用其附属设施通行道路、搭乘公共交通运输工具，获取、使用和交流信息，获得社会服务等提供便利和条件所进行的相关活动。

三、旅游组织

旅游组织是指专门从事旅游业务的机构或机构群体，负责协调和管理旅游活动、提供旅游服务并推动旅游业的发展。旅游组织的范围较广，既包括政府旅游组织、行业协会，也包括各类旅游企业或者事业单位。

四、定制旅游产品资源采购

定制旅游产品资源采购是指定制旅游产品生产商根据定制旅游产品的策划与创意组合定制旅游产品，通过合同或协议的形式，以一定的价格向旅游供应商获取符合旅游者需求的服务的行为，其采购的资源主要包括住宿、餐饮、交通、游览点、娱乐体验及旅游新业态项目等服务。定制旅游产品资源采购及旅游供应商的选择直接影响定制旅游产品质量和服务水平，以及定制旅游产品的市场认可度和竞争力。

五、定制旅游产品行程规划

定制旅游产品行程规划是定制旅游产品生产商考虑旅游者的需求，对旅游者在旅游目的地的食、住、行、游、购、娱等活动进行具体的统筹安排，其关键环节为节点规划和体验活动的设计。

六、定制旅游产品定价

定制旅游产品定价是指定制旅游产品生产商制定和变更产品价格的过程。

七、旅游供应商

旅游供应商是在旅游服务过程中各项产品或服务的提供单位。选择合格的供应商是定制旅游产品生产商的法定义务。以旅行社企业为例，按照《中华人民共和国旅游法》的规定，旅行社企业对其选择的地接社、履行辅助人（指与旅行社存在合同关系，协助其履行包价旅游合同义务，实际提供相关服务的法人或者自然人）的行为承担责任。组团旅行社应对地接社或履行辅助人进行安全评估，考察其是否具有完善的安全管理制度和安全保障措施，应急处置预案、相关赔付制度及赔付能力，有无满足团队接待需要的履行服务能力和地接资源掌控能力，以最大限度地减少风险。

工作任务一　定制旅游产品策划创意流程管控

任务引入

近年来，以短时间、近距离、高频次为特点的都市文化旅游产品受到旅游者的欢迎。工作繁忙的城市居民利用闲暇时间来满足文化休闲的需求，在熟悉的城市领略或细腻、或厚重的情味。某定制旅游产品生产商推出"建筑可阅读"系列都市旅游产品，旨在通过组织旅游者探访知名老建筑聚集区，通过历史文化学者和建筑师对建筑物本身特定的设计元素的解读，向旅游者阐述建筑物的形式、结构、材料、装饰等特征，使其理解并感受建筑传递的意义和情感。该产品的目标市场为文化旅游爱好者，问世后成为深受旅游者喜爱的周末休闲旅游活动。"建筑可阅读"产品市场售价仅为 49 元，但是产品的精细化设计和高品质讲解服务受到旅游者的广泛好评。该定制旅游产品生产商通过产品运营系统的迭代、产品运营模式的创新、规模化采购、企业社会责任等方式，保障了都市文化旅游产品的体验质量，成为传统旅游企业产品创新的经典范例。

请以该案例为例，分析定制旅游产品策划创意流程管控中评估旅游目的地的可进入性、确定定制旅游产品开发方向与企业的战略发展目标是否一致的关键环节。

任务分析

定制旅游产品策划创意的流程管控，需要对旅游目的地的旅游可进入性进行认真评估，以测算各类定制旅游产品开发的时空成本；需要确定各类定制旅游产品开发方向是否与企业的战略发展目标一致；还要对各类定制旅游产品的盈利预期、可行性、风险预估与防范等因素进行分析。定制旅游产品策划创

035

意的流程管控应注重合法合规性，应能制订特殊人群旅游风险防范预案并指导和监督执行。

🔗 知识链接

定制旅游产品策划创意的过程即是通过创造性思维和创新的方法来设计产品的过程。定制旅游产品策划创意的流程包括评估旅游目的地、确定产品开发方向、确定产品盈利目标、风险的预估与防范。定制旅游产品策划创意的流程管控应从以下几方面入手。

一、评估旅游目的地

（一）评估旅游目的地的可进入性

《旅游业基础术语》（GB/T 16766—2017）对旅游目的地的定义为：旅游目的地是能够吸引一定规模数量的旅游者逗留，具有较大空间范围和较全接待设施的旅游地域综合体。旅游目的地的构成要素主要包括：自然、历史或人文等旅游资源，对旅游者能够产生旅游吸引力；有足够的市场空间和市场规模支持；能提供系统、完备的旅游设施和旅游服务；目的地居民认同、参与，并提供各种支持保障；具有一定的可控性。

旅游目的地的可进入性是指吸引旅游者进入的驱动力，以及旅游者进入的难易程度和时效性，定制旅游产品生产商评估旅游目的地的可进入性应注重以下几方面。

1. 旅游目的地旅游资源的吸引力

旅游目的地是为旅游者提供旅游体验的载体。定制旅游产品策划创意应重视对旅游目的地的调研。旅游目的地的调研要高度关注当地旅游资源的价值。旅游资源是对旅游者具有吸引力，并能给旅游经营者带来效益的自然和社会事物。旅游资源是进行定制旅游产品设计的核心和物质基础，是旅游者选择和购买定制旅游产品的决定性因素。在定制旅游产品设计中，它是影响定制旅游产品竞争力的主导因素。旅游资源的价值取决于其自身的特色和吸引力。所谓旅游资源对旅游者的吸引力，是指对旅游者的群体而言的，而不是以个别人的爱好为标准。吸引力决定了旅游资源的效益，吸引力的大小、强弱直接决定了旅游资源效益的高低，吸引力大的旅游资源，能够吸引较多的旅游者，从而获得较好的经济、社会、环境效益。

2. 旅游目的地的社会环境

旅游目的地的社会环境包括经济环境、自然环境、技术环境、政治法律环境、社会文化环境。经济环境是指旅游目的地社会经济条件及其运行状况。

自然环境是指旅游目的地自然资源和生态环保水平。技术环境是指旅游目的地的技术水平、技术政策、新技术研发能力及技术发展动向。政治法律环境是指旅游目的地局势是否和平稳定，以及各项法律、法规、条例是否有利于经济繁荣和可持续发展。社会文化环境是指旅游目的地在一定的社会形态下已经形成的社会群体普遍认同的价值观念、道德规范和风俗习惯。

3. 旅游目的地交通和通信的便利性

交通与旅游目的地的建设存在着互相促进的关系。人文类旅游资源的交通配套优于自然类旅游资源，高级别旅游资源的交通配套优于低级别旅游资源。国内省会城市和直辖市周边由于交通便利，旅游资源的集聚开发优势明显。

通信设施也是旅游者能否顺利进入旅游目的地的重要条件。旅游目的地通信设施的规模、水平及配套设施等，也会对旅游目的地的可进入性产生影响。

4. 旅游目的地旅游项目的规划和布局

旅游目的地景区、景点的分布，景区游览线路的组织和安排，旅游集散点的分布与管理等状况，往往影响着区域内旅游者空间转移的便捷性，对定制旅游产品生产商组织旅游线路的科学性，以及导游人员及时疏散和处理人流拥塞等现场应急举措亦具有影响。

5. 旅游目的地接待设施

旅游设施是完成旅游活动所必备的各种设施、设备和相关的物质条件的总称。旅游设施一般包括基础设施和专门设施两大类。基础设施是指旅游目的地建筑的公共基础设施。这些设施不单是为了旅游者而建设的，旅游目的地居民在日常生活中也可以使用这些设施。主要包括道路、桥梁、供电、供热、供水、排污、消防、通讯、照明、路标、停车场等，还包括旅游地在环境绿化、美化、卫生等各方面的建设。专门设施是指旅游经营者专为旅游者提供服务的凭借物。通常包括餐饮、住宿、娱乐、游览设施等。

6. 旅游目的地服务人员职业素养

旅游目的地服务人员职业素养包括旅游企业及当地政府从业人员本身的能力、素质。另外，旅游目的地居民的生活状况、受教育程度、风俗习惯、素质、对旅游业开发的态度，对定制旅游产品的品质也是重要的影响因素。社会公众对旅游业发展如果持有积极乐观和包容的态度，旅游者将会享受到更友好的服务。社会公众也会更乐于与旅游者沟通，向旅游者介绍和展示当地文化，引导旅游者融入当地生活，如此会提高旅游者的心理满意度。

7. 旅游目的地社会治安

旅游目的地均应在社会治安方面采取有力措施，如严厉打击各种影响和破坏旅游业发展的各类违法犯罪行为；同时狠抓安全监管，以景区和饭店、民宿、酒吧等涉旅场所为重点，开展以防火、防爆、防盗为主要内容的安全大检查，及时消除各类安全隐患，切实解决旅游发展中的不安全、不稳定因素。加强社会面维稳防控体系建设，增强旅游者和本地居民的获得感、幸福感、安全感。

8. 旅游目的地公共卫生条件和气候条件

旅游目的地的卫生条件，包括饮食卫生、是否为疫区、医疗设施与医疗服务水平、紧急状况的应急救援与人员安置能力，均对旅游可进入性具有较大影响。

旅游目的地的气候条件也会影响旅游可进入性，如城市的最佳旅游季节，以及当地的气温、雨量、干燥程度、天灾风险、气候的稳定性与气候条件，因独特气候而产生观光价值的特殊景观等。

知 识卡片

"点亮"大漠星空　宁夏中卫推出特色旅游产品

近年来，中卫市以习近平总书记视察宁夏重要讲话和指示批示精神为指引，以建设黄河流域生态保护和高质量发展先行区为契机，持续打响"星星的故乡"品牌，先后推出了沙漠星星酒店、大漠星河旅游度假区等沙漠旅游度假产品。

中卫充分利用天朗气清的星空优势，依托丰富的沙漠旅游资源，规划建设了设计新颖、内涵丰富的星星酒店和大漠星河旅游度假区，掀起游客心灵度假、观星打卡的旅游热潮，随之带动了寺口子、黄河宿集、"66号公路"、北长滩等多个观景地协同发展。

中卫沙漠星星酒店的五星图形外观令人难忘，腾格里沙漠的景观与现代化的酒店设施相映成趣，走进腾格里沙漠，连绵起伏的沙丘一望无际，一幢幢超现代风格酒店分布在沙海，宛若身处火星，令人震撼。尤其隔窗可观沙、推门可见沙、伸手可摘星，给游客带来全方位的神秘体验。酒店运营方在旅游业态规划上，开发出观星讲座、沙漠瑜伽、沙疗康养、沙漠野奢餐等项目，研创出以黄金菇、松茸菇、红军粉等绿色健康食材为主题的沙漠小火锅、星空系列下午茶等特色养生餐，满足不同游客的消费需求。酒店还提供"住星星酒店、品星空晚餐、看星空演艺、听星空讲座、观大漠星辰、赏沙海日出、购星空文创、悟星空之旅"的产品。

在星星酒店、大漠星河度假区基础上，中卫规划了沙漠传奇、沙漠之城配套设施、沙漠野奢酒店、风马牛不是居酒店，钻石酒店（星星酒店二期）、沙泉空间酒店等沙漠旅游项目，开发了沙漠探险、徒步穿越、益智科普、研学探秘等特色产品，延伸了星野摄影教学、星空朗诵、观星讲座、葡萄酒品鉴等活动，打造了"春看狮子座、夏观银河、秋寻仙女座、冬追猎户座"的观星体验，为游客打造集观光、体验、娱乐、教育、科研、度假、美食、购物等功能为一体的旅游业态和消费空间。

在沙漠星星酒店的品牌引领下，大漠星河营地、金沙海星辰帐篷营地、星星故乡露营地等一批星空旅游度假产品顺势而生。尤其是中卫市沙坡头区常乐镇的黄河宿集，引进了西坡、大乐之野、墟里、飞莴集等国内外知名品牌，自创了南岸、在小湾、红柳、沙与漠4个本土品牌，配套建设了骆驼巷子集市、春夏农场等体验产品，年产值达到4 700万元，进而带动了中卫南北长滩村、沙坡头村、鸣沙村、鸣钟村、中宁黄羊古落、丰安屯等民宿和海原县乡村旅游点的提级改造和开发建设。

宁夏作为西北地区重要的生态安全屏障，年均晴好天气近300天，是最佳观星地之一。星星酒店的"诞生"，融合了中卫厚重的黄河文化、治沙文化、大漠文化以及宁夏独特的星空文化。中卫利用天气晴好优势和大漠、黄河、星空等资源优势，因地制宜，创新发展，在沙漠深处打造了造型独特的星星酒店，为游客打造了"躺在床上数星星"的全新旅行生活方式，成为沙漠中独树一帜的高端旅游度假目的地，走出了一条休闲旅游度假新业态的发展之路。

（资料来源：宁夏中卫市旅游和文化体育广电局官网）

（二）优先选择旅游无障碍环境建设水平高的旅游目的地

无障碍环境的主要受益群体是无障碍需求的社会成员，即因残疾、年老、年幼、生育、疾病、意外伤害、负重等原因，致使身体功能永久或者短暂地丧失或者缺乏，面临行动、感知或者表达障碍的人员及其同行的陪护人员。第七次全国人口普查数据显示，仅从年龄构成方面，0~14岁人口占17.95%，60岁及以上人口占18.7%，65岁及以上人口占13.5%，老年人和婴儿、未成年人等特殊群体占比为50.15%，而总数超过8 500万的残障人士，更是无障碍环境建设的刚需群体。

无障碍理念随着时代变迁和人类社会对于特殊群体权益的认知而不断发生变化。2001年，有两件事推动人们不再将无障碍的概念仅仅局限用于残障领域，而是在更加广阔的社会关系和生活空间里来定义和使用。第一件事是《国际健康功能与身心障碍分类系统（ICF）》的国际通用版本在世界卫生组织协调下获得批准，这一分类系统把"障碍"界定为："个人环境中限制功能发挥并形成残疾的各种因素，其中包括有障碍的物质环境、人们对残疾的消极态度、缺乏相关的辅助技术的应用，以及既存在又妨碍所有健康人全部生活领域里的服务、体制和政策等。"也就是说，在物质环境、社会环境（如制度法规、语言环境）和态度环境里，限制发挥功能的各种因素都是障碍。第二件事是国际标准化组织首次界定了"Accessibility"的标准，在包括残疾人在内的各类特定人群同样能够无障碍地进入不同场合、获取信息、接受服务等方面，形成了国际共识。2014年，国际标准化组织修订了《在标准中界定无障碍的指南》（第二版），正式将"无障碍"（Accessibility，"可及性""可使用性"）定义为"指产品、服务、环境和设施能在多大程度上被最大范围的不同特征和能力的人群使用，以在特定使用环境中实现特定目标"，这个定义既强调普通服务，又重视特别支持，与近年来残障领域所倡导的通用设计、合理便利的要求契合，也印证了从包容的角度理解无障碍通常有益于每个人这一概念。

无障碍环境建设已不仅仅是无障碍群体的专利，现已成为全社会所有人共享的普惠，事关全社会每位成员的基本权益；无障碍环境建设的内涵逐渐由物质环境建设推进到全方位的社会环境建设，需从硬件（建筑、公共设施、交通）、软件（制度、服务、社会心理、信息交流）全面发力，其中旅游无障碍环境建设是无障碍服务提升的重要内容，关乎无障碍需求群体的旅游权益保障，直接影响旅游目的地的幸福指数与安全指数。

旅游无障碍环境是旅游服务提供者为确保无障碍需求群体平等参与旅游活动、充分共享旅游服务而创设的辅助支持性环境。旅游目的地应构建包含无障碍需求群体在内的所有人都可以平等参与的旅游产业体系。

澳大利亚学者Simon Darcy于1999年在其著作《*Setting a Research Agenda for Accessible Tourism*》中认为，无障碍旅游是指残疾人和老年人能够在旅游活动中独立、平等、有尊严地接受旅游服务和产品的过程。这强调了无障碍应同时包括行动、视力、听力和认知几个方面的可操作性，说明无障碍旅游在国外学者的研究中并不只是针对残疾人，还包括老年人和其他因行动不便有特殊需求的人。本书中的无障碍旅游，指的是为无障碍需求群体提供的专用设施、专门服务和专项产品，以帮助其在旅游活动中顺利完成旅游行程、享受旅游乐趣。

旅游业涉及交通、景区、餐饮、住宿、文化休闲、娱乐、信息技术、教育等多个行业。无障碍旅游的利益相关方包含旅游产业供应链涉及的所有利益相关方，无论是公共部门还是私营部门，包括但不限于公共行政部门、住宿服务、餐饮服务、交通运输、旅游经营机构，与旅游和目的地管理有关的其他经济部门的服务提供者，以及旅游目的地、相关旅游者和旅游目的地当地居民。旅游无障碍环境建设关联面非常广泛，旅游无障碍环境建设水平高的旅游目的地应具备以下几方面的条件。

1. 旅游无障碍环境互联互通

旅游目的地的旅游无障碍环境互联互通系统化、无障碍旅游产业与机制创新化、无障碍旅游服务信息处理及运营智能化、无障碍旅游理念普及化。旅游信息交流无障碍目标基本实现，无障碍旅游公共服务实现共享可达、一体化、系统化和便利化，公众具有无障碍旅游文明素养。

新建旅游项目按照无障碍标准设计和建设，基本完成旅游景区、公共交通等公共场所和设施的无障碍改造提升，铁路、公路、水运、民航、邮政、城市客运等领域无障碍服务水平较高，信息交流无障碍和无障碍服务水平较高。

2. 无障碍旅游设施相对完善

旅游目的地采取点线面结合方式，以点带线、以线扩面，系统性地整合无障碍旅游设施资源，充分考虑无障碍旅游设施的统一性和连续性，促使无障碍旅游设施联网成片，实现旅游目的地内部游览过程的无障碍，无障碍旅游设施建设、管理与使用常态化。

3. 无障碍旅游服务常态化

无障碍旅游服务是旨在帮助无障碍需求群体在特定旅游环境中实现安全、相对独立、便捷舒适的旅游。旅游目的地旅游企业应当积极创造条件，努力组建专业服务人才队伍，为无障碍需求群体提供必要的服务，提升无障碍旅游服务品质，实现无障碍旅游服务常态化。

4. 信息无障碍相对健全

旅游目的地应注重无障碍旅游信息的收集和发放，为无障碍需求群体的旅游决策和出行提供帮助。旅游目的地可以出版无障碍旅游指南，或通过政府官方网站建立无障碍旅游论坛和博客，为无障碍需求群体提供获得无障碍旅游资讯和交流旅游心得的平台。旅游企业要加强其无障碍设施和无障碍服务信息的发放，相关文字资料的介绍要尽可能详细和准确，信息发布的方式要考虑无障碍需求群体的阅读需求。旅游目的地政府网站应建立无障碍旅游信息专栏，收集并公布当地的无障碍旅游信息（包括交通、餐饮、住宿、景区和旅游活动等），同时建立支持搜索功能的无障碍旅游数据库。

5. 无障碍旅游氛围良好

旅游目的地应营造具有浓郁人文关怀的社会氛围。培育无障碍公民意识，营造关爱无障碍需求群体的文化。注重完善文化和旅游志愿服务体系，广泛吸引志愿者参与无障碍旅游服务。旅游目的地应加强宣传推广，努力推进旅游无障碍环境建设全覆盖。将旅游无障碍品牌宣传推广纳入旅游目的地品牌宣传推广中，提升旅游无障碍环境建设的知名度和影响力。

（三）与旅游目的地旅游组织建立紧密合作关系

定制旅游产品生产商应与旅游目的地旅游组织建立基于产品共研共享的战略合作联盟关系，积极推动旅游目的地建设，从旅游资源的开发与转化、公共服务的完善、旅游产品价值共创环境的培育等方面贡献软性资源，进而夯实定制旅游产品植根的基础，长期分享旅游目的地定制旅游产品品牌化、规模化的红利。

1. 推动旅游目的地旅游资源的开发与转化

对市场需求的敏锐探寻和深刻了解，是定制旅游产品生产商推动旅游目的地旅游资源转化与开发的独特优势。定制旅游产品生产商要提炼旅游目的地各品类旅游资源的独特性，逐步烘托出旅游目的地共同的个性，这个共同的个性就是集区域文化、社会、自然特色于一体的旅游目的地形象品牌。

定制旅游产品生产商推动旅游目的地旅游资源开发转化的过程，亦是在旅游目的地旅游组织中树立以旅游者为中心、以能否满足旅游者的需求为资源开发准则的过程。定制旅游产品生产商要考察旅游资源的有效性、真实性，择优选择与旅游产品相关度高的旅游资源，围绕主题策划、特定人群研发的旅游产品，旅游资源的筛选和安排应体现主题内容和适应相关需求。定制旅游产品生产商对旅游资源的要素提炼，要注重与潜在旅游者的消费心理的吻合，对旅游资源的评价，评价者要注重与旅游者进行角色互换，以旅游者的眼光评价旅游资源及其产品转换能力。以旅游者为本、尊重市场规律的理念的推进，将推动旅游目的地的社会进步。

定制旅游产品生产商应关注旅游目的地系统中各部分相互联系、相互影响的关系。旅游资源的转化与开发要研究旅游目的地系统中自然的、技术的、社会的、经济的诸因素的相互结合，运用系统分析方法，对客观旅游系统进行整体性、协调性、系统性的规划，将各部分有序、合理地组织起来，实现旅游目的地社会效益的最优化。

2. 助推旅游目的地公共服务的完善

定制旅游产品体验过程即是对旅游目的地深度体验的过程，旅游者更热衷于与旅游目的地居民互动，旅游者到访的空间遍布旅游目的地各个角落。因而定制旅游产品对旅游目的地的公共服务水平要求更高。完善的公共服务体系和完善的商业服务体系可以营造高质量的旅游目的地环境。定制旅游产品的规模化开发，对旅游目的地的社会资源，即当地经济社会发展和居民生活条件的依赖更大。

定制旅游产品对旅游服务的微观层面要求更高，旅游者对于问询、语言、信息、交通、环境、治安、医疗、救援等生活服务都有较高要求。地理空间的可进入性，航线、高速铁路、高速公路、城市公共交通、休闲绿道等交通配套设施，以及签证便利化、免退税、公共资源开放、公共标识、解说系统的建议与完善等都将进一步增加旅游者在目的地生活体验的便利性。商业服务体系的多样性，区域、城市与景区集散中心的接驳体系，旅游者与当地居民生活共享体系的构建，甚至行政、司法、教育和民事调解机构的定期开放，都将影响定制旅游产品要素的组合与产品特质的呈现。

定制旅游产品生产商应密切关注相关旅游目的地的公共服务供给状况。

一方面，优先选择公共服务质量更高的旅游目的地，另一方面，通过建言献策、软性资源扶持等方式，助推旅游目的地公共服务的完善。

3. 培育旅游目的地旅游产品价值共创环境

旅游者对旅游目的地定制旅游产品进行深度体验的过程，亦是将自身的知识、技能和经验投入定制旅游产品价值创造的过程。旅游目的地定制旅游产品利益相关方对旅游者参与产品价值创造越是重视，相应的体制机制构建越是完善，就越有利于调动和积累当地社会资源，也就越有利于定制旅游产品品质的提升及规模化、品牌化发展。

定制旅游产品生产商应鼓励旅游者反馈自身的需求，及时将旅游者的意见、建议与旅游目的地旅游组织做专题沟通，一起遴选出有传播价值的个案，进行旅游目的地形象品牌的宣传推广。例如，旅游者对旅游目的地文化的热爱和沉浸式解读，即是对旅游目的地文化资源的创新和再造。由此，定制旅游产品生产商与旅游目的地旅游组织、旅游者形成较为成熟的价值共创模式，而价值共创带来的社会影响持续发酵，为下一轮的价值共创活动做铺垫与支撑，吸引更多社会力量的持续参与，从而不断提升旅游目的地旅游产品价值共创环境。

二、确定定制旅游产品开发方向

（一）以需求为中心，提升产品的用户价值

由于混业经营渐成主流，进入大旅游产业体系的新型复合型业态发展势头迅猛。资源采购的渠道越来越畅通，且越来越多的社会公共资源成为定制旅游产品的构成要素。定制旅游产品生产商确定定制旅游产品开发方向时，应以需求为核心，以提供疑难服务价值作为获取利润的触发点。

定制旅游产品生产商以产品为媒介，与用户进行价值交换，达成创造商业价值的目的。定制旅游产品的用户价值感知具有较强的主观性，高度依赖于用户的认知、偏好，依赖于产品呈现的具体情境，也受限于用户的经验演化。因此，定制旅游产品生产商方面应秉承重视用户长期利益的理念，另一方面，应提升体验的创新度，在有限的资源环境中努力实现资源的最优配置。

（二）聚合自身资源，获取持续获利能力

定制旅游产品生产商应结合需求，盘点和汇聚自身资源，认识到能够有利于为目标市场提供疑难服务价值的资源才是有效资源。定制旅游产品生产商企业战略的制订也应基于以上前提。定制旅游产品生产商应深耕自身具有服务优势的目标市场，探寻目标市场需求的形式和内涵，通过与旅游目的地旅游组织的深度合作，共同建设技术团队和地面服务团队，解决新型需求与创新供给不足的矛盾。例如，一家深耕西北深度游的定制旅游产品生产商，面对日益

追求品质和体验的西北深度游需求，应着重选择和培育旅游目的地高端服务供应商，并指导供应商提供延伸服务，以产出要素丰富、体验多元的深度旅游产品，同时为旅游目的地引资引智，以提高高素质人才留在西北创新、创业的吸引力，为旅游者所需的地面服务提供保障。值得注意的是，定制旅游产品生产商在确定定制旅游产品开发方向是否与企业自身经营战略一致时，需要建构双向互动的思维模式，以及聚合各方资源为自身所用的魄力和耐力。

定制旅游产品生产商在确定产品开发方向时，应分析产品的获利机会。目前，利用信息不对等获利的空间在逐渐收窄，定制旅游产品生产商若想实现生产效率高于市场，相当依赖组织建设能力。定制旅游产品生产商内部组织生产的效率优于市场提供同等产品的效率，企业才能可持续获利。产品运营流程每个环节的员工若都能基于自身专业技能做出超过市场平均水准的更优决策，并能通力协作，集聚个人专有知识，快速生成企业的共同知识，将会有效提升定制旅游产品生产商的创新能力，进而也就拥有了持续获利机会。技术团队和服务团队具有共同目标、共同理念、共同知识，遵循一定的运行机制，将会大大提升组织的效率。定制旅游产品开发对客户资源和旅游供应商渠道资源均有依赖，因此技术团队和服务团队在产品创新方面的积累、成员之间的磨合度、与平台的匹配度、对客户和产业利益链上的了解和信任，均会增强定制旅游产品生产商的竞争优势。

三、确定定制旅游产品开发所需的经费投入、人力投入，确定产品的盈利目标

（一）确定定制旅游产品开发所需的经费投入

定制旅游产品生产商应认真评估并确定定制旅游产品的开发费用。定制旅游产品的开发费用包括人员工资费用、器材设施费用、行政办公费用、实地考察费用、专家咨询费用、市场调查费用、专项活动费用、前期试运营费用及试验推广费用、第三方测评及售后回访费用、机动费用等。确定定制旅游产品开发所需的经费投入应考虑企业的实力及定制旅游产品开发的实际需要，并列出详细的开支预算清单，以保证所有的开支项目都是必要的、可以检测的，以便在实施中及时进行核对和绩效考察。

确定定制旅游产品开发所需的经费投入，还需进行定制旅游产品开发的成本估算，以及对产品开发的成本进行控制，具体如下。

（1）定制旅游产品开发的成本估算，有助于向产品开发团队提供产品投入选择和制订价格等信息，亦可以估算产品运营、服务和客户关系维护的成本；定制旅游产品开发的成本估算基于分析同类产品的开发成本或者同业近似产品的定价机制，需要考虑定制旅游产品全周期各个阶段所需的成本；定制旅

游产品的全生命周期成本指产品从形成至消亡所经历的从企划、研发、生产到客户使用和退出市场这个循环的总成本；定制旅游产品生产商要在市场上保持竞争力，占领市场，就要以市场需求导向来生产产品，要有长远的眼光，对产品成本和盈利性进行更全面的透视。例如，一个快速且草率设计出来的产品，其产品开发成本方面的投入极少，但产品生命周期中后面部分可能会有非常高的营销和服务成本。在成本估算时要运用价值功能匹配原则，剔除不能满足市场需求、体现产品价值却增加产品成本的功能。

（2）定制旅游产品开发的成本控制关系到产品的经济效益。产品开发成本是具有决策性的成本。产品开发的成本控制应作为整个产品成本控制的起点，在开发过程中对产品成本进行有效的估算、预测。成本控制是指定制旅游产品生产商在生产经营过程中，按照既定的成本目标，对构成成本的一切耗费进行计算、考核和监督，采取有效措施，使成本限制在预定的目标范围之内的过程。在信息化时代，依靠数字化赋能控制产品开发的成本变得非常重要。信息化手段可以实现后台支撑和前台应用的有效连接，打通从内控、运营到营销环节的全数据链，依靠数据指引性、警示性、前瞻性加速产品开发创新，通过数据化呈现和不同纬度的交叉分析功能，加快产品开发各项工作的响应速度和精准度，并以数据分析监控作为产品开发经费投入的决策参考，有效减少了因经验主义、人员流失、线下沟通等增加的产品开发成本。

（二）确定定制旅游产品开发所需的人力投入

定制旅游产品开发具有一定难度，且产品开发环节较为烦琐。确定定制旅游产品开发所需的人力投入，应本着效率和效益兼顾的原则。定制旅游产品生产商一旦拟订产品开发计划，就要着手进行人力资源规划，人力资源规划应秉承需求导向、用人所长和动态优化的原则。定制旅游产品生产商应从产品开发、制作和落地的需求出发，明确技术团队和服务团队所需人员及需要具有的素养和技能、从业经验等，既要注重专业技术等硬技能，也需注重协作能力、沟通能力、责任感等软实力。定制旅游产品生产商应对企业自身的人力资源进行盘点，再与长期合作的技术机构、服务机构沟通，或者通过企业拥有的其他合作渠道，物色产品开发所需的技术团队和服务团队。在科学规划的基础上，组建专职和兼职结合、一体化管理的技术团队和服务团队。团队组建之后，本着相对稳定和动态优化的原则，以绩效最佳为驱动，对团队进行动态优化。

值得注意的是，确定定制旅游产品开发所需的人力投入，须进行人力资源成本控制。人力资源成本是反映产品开发人力资源参与产品开发全过程所发生的各项支出，凡涉及该部分人力资源的取得、开发、使用、保障和离职等投入和发生的一切费用都应列入。在这些费用中，产品开发人力资源的取得成本、开发成本大部分是可控的，而使用成本具有半可控的性质，保障成本则是基本上不可控的。但在市场竞争日益激烈的今天，定制旅游产品生产商需要拥有高素质的人才，不能采用传统的人力资源成本控制体系，一味降低人力成本，精简人事经费，这样会导致高素质人才的流失。在定制旅游产品开发人力资源的控制中，不仅要考虑人力资源的成本，而且更应该关注收入和利润，关注企业价值的增加，以增加企业价值为导向，建立人力资源的功能观和效益观。

（三）确定定制旅游产品的盈利目标

确定定制旅游产品的盈利目标，首先要论证定制旅游产品规模化量产的可行性。相对于预制旅游产品而言，定制旅游产品是以旅游者为中心，在目标市场细分的基础上，遵循以旅游者体验价值为导向，依托旅游产品链条各环节的专业化运营，为旅游者提供品质服务的专项产品。对于定制旅游产品生产商而言，论证具体的定制旅游产品规模化量产的可行性，需要从以下几方面进行。

1. 挖掘定制旅游产品的核心利益

定制旅游产品具有的核心利益越是可以满足旅游者在某个场景下的某类需求，其可以覆盖的旅游者数量就越多。旅游者做出消费某个定制旅游产品的决策时，期望产品的核心利益可以实现其个人效用最大化，其消费决策受到旅游者自身所处情境的影响，受到定制旅游产品呈现形式的影响，也受到定制旅游产品构成要素的影响。基于以上考虑，定制旅游产品核心利益的挖掘要充分考虑细分市场的需求，以及细分市场旅游者所处的情境，产品的价值组合，以及产品在投放市场和迭代过程中是否可以结合定制旅游产品生产商的各种优势，实现较高的投入和产出比。

2. 专业化分工是定制旅游产品规模化量产的保障

阻碍定制旅游产品规模化量产的，主要是产品开发和制作环节的流程标准化。专业化分工是定制旅游产品规模化量产的保障，主要原因如下：第一，熟能生巧——投入同等劳动成本能创造更多产品；第二，减少工序切换成本——节约的时间能创造新的产品价值；第三，积累和创造专业知识——专业知识使定制旅游产品生产商更懂旅游者的需求，或有更高的生产效率；第四，专业化工作聚集后有规模效益，能激励定制旅游产品的创新。

3. 具有大批量采购能力

可以规模化量产的定制旅游产品，其供应商资源应相对丰富，可以进行批量采购。定制旅游产品要素的采购价格与产品的成本和利润直接相关。定制旅游产品生产商采购的产品要素既有传统旅游业态供应商服务，还包括新旅游业态供应商服务，这些要素的成本所占定制旅游产品成本的比重大、涉及面广、隐藏着一定的安全风险、质量容易出现波动，因此定制旅游产品生产商须高度重视要素采购的信息调研，信息调研的准确性将对产品的成本和价值、保障性产生重要影响。

确定定制旅游产品的盈利目标，还需降低产品的交易成本，强化产品的交换价值。定制旅游产品的交换价值是一种使用价值同另一种使用价值相交换的量的比例或关系。强化定制旅游产品的交换价值应从两方面着手，一方面，从旅游者角度，降低其交易成本，如搜寻产品的成本、议价成本、体验成本、安全和保障成本；另一方面，从定制旅游产品生产商角度，提高交易的效率，持续减少交易的成本。值得注意的是，定制旅游产品生产商应着眼于长期收益的价值观来处理企业和旅游者的博弈及交互关系。定制旅游产品运营流程的标准化，是可望降低交易成本的方法，运营流程的标准化可以使得定制旅游产品某些业务操作上具有"确定性"，是降低各类交易成本的有效手段。同时交易线上化及服务线上化有助于提高效率和助力决策。区块链技术在定制旅游产品运营中的运用，更有可能追溯整个交易链条，使得企业、旅游者、旅游供应商核查监督和权利保障的成本大幅下降。同时，定制旅游产品交易线上化和服务线上化还催生了大量旅游者消费数据的产生，为定制旅游产品的开发积累了海量的数据资源。

确定定制旅游产品的盈利目标，定制旅游产品生产商还应盘点目前企业正在运营的定制旅游产品的种类和数量，对企业业务销售能力与客源市场进行分析，从而预估该产品的市场定位。根据定制旅游产品的市场定位，预估定制旅游产品的销售数量，以及在销售周期内要达到的出游人次、毛利。基于以上设想，所设定的定制旅游产品的盈利目标就被视为产品策划的方向和指南。制定定制旅游产品的盈利目标，需要考虑经济学里的价格弹性，价格弹性有短期弹性和长期弹性之分，短期弹性即一次涨降价后，消费者随后的短期购买意愿会发生怎样的变化；而长期弹性指的是某次价格调整后，随着消费者对价格的逐步对比和感知，其长期购买意愿是怎样的。定制旅游产品的销售是竞争压力较大、时效性极强的市场行为，因此产品的价格弹性主要考虑短期弹性。

确定定制旅游产品的盈利目标，定制旅游产品生产商需要考虑供需定律，以及边际成本和边际利润。对于企业而言，其生产产品的时候一开始有规模效应，边际成本是逐步降低的。但到了某一个临界点后，其边际成本反而有可能会变高。因为潜在交易成本越低的消费者的转化越是容易，潜在交易成本越高的消费者的转化越难。固定成本高的产品，边际利润低，固定成本低的产品，边际利润高。定制旅游产品生产商如果推出了一个性价比高的新型体验类产品，市场需求量大幅上升，产品销量大增，盈利预期看好。但随着销售范围的扩大，潜在消费者被各种交易成本阻断了消费行为，此时如果及时降低了某一类交易成本，就有可能再次刺激出新的需求，从而促成边际交易，创造出边际利润。值得注意的是，随着在线旅游蓬勃发展，定制旅游产品生产商应理清数字化转型的逻辑，加快经验思维向数据思维转变，升级数据管理系统指导线下销售人员精准提高产品销售能力。定制旅游产品生产商可借助互联网社交生态开设新电商平台和导入高频消费业务，例如，盘活用户数据，建立 RFM 客群分类模型，开发了用户标签功能，基于标签构建用户画像，以用户画像逐步驱动形成精准营销体系。定制旅游产品生产商还可开发针对专属用户的营销活动页面，通过与用户的深度交互，促进产品改良与获客模型的优化，产销双向实现精准营销的良性循环，从而有效提高成交率。

由于定制旅游产品在实际运营中存在诸多风险，因此在确定定制旅游产品的盈利目标时须分析风险发生的概率及防范和化解风险的成本。

四、能评估旅游产品策划创意流程的合法合规性，能指导和监督风险防范预案的执行，能制订残疾人、老年人、未成年人等特殊人群旅游风险防范预案并指导和监督执行

（一）评估旅游产品策划创意流程的合法合规性

评估旅游产品策划创意流程的合法合规性，主要是为了有效预防旅游产品研发及运营过程中的法律风险，这里所指的旅游产品包括预制旅游产品和定制旅游产品。具体包括以下几个关键环节。

1. 评估旅游产品所涉旅游资源开发与使用的合法合规性

《旅游法》第四条规定，"旅游业发展应当遵循社会效益、经济效益和生态效益相统一的原则。国家鼓励各类市场主体在有效保护旅游资源的前提下，依法合理利用旅游资源。"该规定旨在规范旅游业发展的原则，即旅游业发展应当遵循社会效益、经济效益和生态效益相统一的原则，应促进旅游业的持续健康发展，充分发挥旅游业对经济建设、文化建设、社会建设、生态文明建设的综合推动作用。该规定提出了各类市场主体在有效保护旅游资源的前提下，依法合理利用旅游资源的要求。《旅游法》还在旅游发展规划、景区开放条件等方面对保护旅游资源作出了相应的规定，如要求旅游发展规划的内容中应当包含旅游资源保护和利用的要求和措施；对自然资源和文物等人文资源进行旅游利用，必须严格遵守有关法律法规的规定，符合资源、生态保护和文物安全的要求，维护资源的区域整体性、文化代表性和地域特殊性；将环境保护设施和生态保护措施作为景区开放的必要条件。定制旅游产品生产商在评估旅游产品所涉旅游资源开发与使用的状况时，应注意是否存在自然、历史文化遗产遭到破坏，生态环境因过度商业化开发恶化等情况，必要时应对旅游目的地相关管理部门提出警示，并对组织旅游者游览所涉旅游资源持谨慎态度。

2. 评估旅游目的地及旅游供应商是否依法给予残疾人、老年人、未成年人等旅游者便利和优惠

《旅游法》第十一条规定，"残疾人、老年人、未成年人等旅游者在旅游活动中依照法律、法规和有关规定享受便利和优惠。"《〈中华人民共和国旅游法〉解读》指出：残疾人、老年人、未成年人等由于年龄和生理特点，在社会生活中属于应当受到照顾的群体。《中华人民共和国残疾人保障法》（以下简称《残疾人保障法》）规定，国家和社会鼓励、帮助残疾人参加各种文化、体育、娱乐活动，努力满足残疾人精神文化生活的需要。《中华人民共和国老年人权益保障法》规定，博物馆、美术馆、科技馆、纪念馆、公共图书馆、文化馆、影剧院、体育场馆、公园、旅游景点等场所，应当对老年人免费或者优惠开放。《中华人民共和国未成年人保护法》（以下简称《未成年人保护法》）规定，爱国主义教育基地、图书馆、青少年宫、儿童活动中心应当对未成年人免费开放；博物馆、纪念馆、科技馆、展览馆、美术馆、文化馆及影剧院、体育场馆、动物园、公园等场所，应当按照有关规定对未成年人免费或者优惠开放。各级机构应为上述群体尽可能地提供各种方便和照顾，例如，为老年人、残疾人修建无障碍通道；为残疾人获取公共信息提供便利，提供语音、文字、手语、盲文提示等信息交流服务；为老年人、未成年人修建必要的休息设施，等等。《无障碍环境建设法》规定，国家鼓励文化、旅游、体育、金融、邮政、电信、交通、商业、餐饮、住宿、物业管理等服务场所结合所提供的服务内容，为残疾人、老年人提供辅助器具、咨询引导等无障碍服务。

定制旅游产品生产商应依据《旅游法》的规定和各地出台的无障碍环境建设法律法规，评估旅游目的地、旅游供应商为残疾人、老年人、未成年人等旅游者提供的合理便利服务的适用性和合规性。

知 识卡片

《中华人民共和国无障碍环境建设法》第四十五条　国家鼓励文化、旅游、体育、金融、邮政、电信、交通、商业、餐饮、住宿、物业管理等服务场所结合所提供的服务内容，为残疾人、老年人提供辅助器具、咨询引导等无障碍服务。

◆ 释义

本条是关于服务场所提供无障碍服务的规定。

残疾人、老年人的日常生活涉及方方面面，其对无障碍服务的需求也涉及方方面面。随着我国经济社会的不断发展，包括残疾人、老年人在内的全体社会成员对文化、旅游、体育、金融、邮政、电信、交通、商业、餐饮、住宿、物

业管理等各种服务的需求逐渐增加，体现了人民群众日益增长的美好生活需要。

2003年出台的《公共文化体育设施条例》规定，公共文化体育设施的设计，应当符合实用、安全、科学、美观等要求，并采取无障碍措施，方便残疾人使用。《"十四五"旅游业发展规划》《全民健身计划（2021—2025年）》等政策性文件包含涉及旅游和体育无障碍服务的规定。2020年，国务院办公厅印发《关于切实解决老年人运用智能技术困难实施方案的通知》要求聚焦老年人日常生活涉及的高频事项，做实做细为老年人服务的各项工作。明确要求提高文体场所服务适老化程度，需要提前预约的公园、体育健身场馆、旅游景区、文化馆、图书馆、博物馆、美术馆等场所，应保留人工窗口和电话专线，为老年人保留一定数量的线下免预约渠道或购票名额；同时，在老年人进入文体场馆和旅游景区、获取电子讲解、参与全民健身赛事活动、使用智能健身器械等方面，提供必要的信息引导、人工帮扶等服务；丰富老年人参加文体活动的智能化渠道，引导公共文化体育机构、文体和旅游类企业提供更多适老化智能产品和服务，同时开展丰富的文体活动；针对广场舞、群众歌咏等方面的普遍文化需求，开发设计智能应用，为老年人社交娱乐提供便利；探索通过虚拟现实、增强现实等技术，帮助老年人便捷享受在线游览、观赛观展、体感健身等智能化服务。要便利老年人日常交通出行，优化老年人打车出行服务，便利老年人乘坐公共交通，提高客运场站人工服务质量，进一步优化铁路、公路、水运、民航客运场站及轨道交通站点等窗口服务，为老年人提供咨询、指引等便利化服务和帮助。

本条在总结上述实践的基础上，作出了引导性规定，即国家鼓励文化、旅游、体育、金融、邮政、电信、交通、商业、餐饮、住宿、物业管理等服务场所结合所提供的服务内容，为残疾人、老年人提供辅助器具、咨询引导等无障碍服务。各行各业的服务场所应当科学把握老年人、残疾人生活需求和特征。根据所提供的服务的不同特点，结合当地经济发展水平等因素，因地制宜、稳步推进无障碍服务体系建设，为老年人提供辅助器具、提供咨询引导等无障碍服务。要广泛动员行业协会、残疾人组织等社会各方力量，充分发挥市场机制作用，满足老年人、残疾人等群体多层次、多样化的生活需求。

（资料来源：张勇，程凯. 中华人民共和国无障碍环境建设法释义［M］. 北京：中国法制出版社，2023）

3. 评估旅游目的地必要信息和咨询服务是否具有效力

《旅游法》第二十六条规定，"国务院旅游主管部门和县级以上地方人民政府应当根据需要建立旅游公共信息和咨询平台，无偿向旅游者提供旅游景区、线路、交通、气象、住宿、安全、医疗急救等必要信息和咨询服务。"

《〈中华人民共和国旅游法〉解读》指出：旅游公共服务提供的责任主体是政府，旅游公共信息和咨询平台包括旅游咨询服务中心、旅游集散中心等实体，也包括网络、咨询电话等载体。"必要信息和咨询服务"主要指：一是旅游目的地旅游景区、酒店、餐馆等的简介及价格信息；二是旅游景区及旅游目的地整体的交通布局、流量等相关信息，包括自驾游线路信息；三是旅游目的地气象信息；四是旅游景区及旅游目的地安全环境、不可抗力事件、突发事件、公共卫生事件等安全信息；五是旅游景区及旅游目的紧急医疗救助机构等相关信息。必要的旅游公共信息和咨询服务是最基本的旅游公共服务，所以《旅游法》规定，以上信息需要由政府无偿提供。

定制旅游产品生产商应认真评估旅游目的地政府提供必要信息和咨询服务的准确性、即时性、有效性，以便在旅游外部环境存在不可确定性的前提下尽可能多地获取有效的信息帮助。

4. 评估旅游供应商是否为法律规定的合格供应商

《旅游法》第三十四条规定，"旅行社组织旅游活动应当向合格的供应商订购产品和服务。"《旅游法》第四十二条规定了景区开放应当具备的条件，《旅游法》第四十七条规定了经营高空、高速、水上、潜水、探险等高风险旅游项目应当按照国家有关规定取得经营许可，《旅游法》第四十八条规定了通过网络经营旅行社业务的，应当依法取得旅行社业务经营许可，《旅游法》第五十条规定，"旅游经营者应当保证其提供的商品和服务符合保障人身、财产安全的要求。旅游经营者取得相关质量标准等级的，其设施和服务不得低于相应标准；未取得质量标准等级的，不得使用相关质量等级的称谓和标志。"《〈中华人民共和国旅游法〉解读》指出："供应商"是指所有由旅行社选择的、为旅游者提供服务的企业或者个人，主要包括本法所称的地接社、履行辅助人。"合格"主要指法律、法规对供应商有许可和营业执照等资质要求的，应当取得相应资质；法律、法规没有规定资质要求的，应按照市场通常判断来确定。以上法规及相应解读说明，定制旅游产品生产商应严格评估旅游供应商是否为法律规定的合格供应商，定制旅游产品生产商向不合格供应商订购产品的现象会损害旅游者权益，同时也会扰乱市场秩序。

此外，《旅游法》第三十五条规定，"旅行社不得以不合理的低价组织旅游活动，诱骗旅游者，并通过安排购物或者另行付费旅游项目获取回扣等不正当利益。"由于低于成本的购物游有顽强的生长蛮力，定制旅游产品生产商应严控产品策划创意流程，避免自身或者地接旅行社供应商出现违法行为。

（二）指导和监督旅游产品运营风险防范预案的执行

旅游产品运营过程中可能会突然发生造成旅游者和服务人员人身伤亡、财物损失的自然灾害、事故灾难、公共卫生事件和社会安全事件。发生此类事件的原因有可能是定制旅游产品操作团队在作业过程中的疏忽，也有可能是履行辅助人的操作失误，也有可能是各种不可抗力因素导致的。

为减少旅游安全事故的发生，《旅游法》明确规定了旅游经营者的安全生产要求。《旅游法》第七十九条规定，旅游经营者应当严格执行安全生产管理和消防安全管理的法律、法规和国家标准、行业标准，具备相应的安全生产条件，制定旅游者安全保护制度和应急预案。旅游经营者应当对直接为旅游者提供服务的从业人员开展经常性应急救助技能培训，对提供的产品和服务进行安全检验、监测和评估，采取必要措施防止危害发生。旅游经营者组织、接待老年人、未成年人、残疾人等旅游者，应当采取相应的安全保障措施。《旅游法》第八十条规定，旅游经营者应当就旅游活动中的下列事项，以明示的方式事先向旅游者作出说明或者警示：正确使用相关设施、设备的方法；必要的安全防范和应急措施；未向旅游者开放的经营、服务场所和设施、设备；不适宜参加相关活动的群体；可能危及旅游者人身、财产安全的其他情形。《旅游法》第八十一条规定，突发事件或者旅游安全事故发生后，旅游经营者应当立即采取必要的救助和处置措施，依法履行报告义务，并对旅游者作出妥善安排。《旅游法》第八十二条规定，旅游者在人身、财产安全遇有危险时，有权请求旅游经营者、当地政府和相关机构进行及时救助。

定制旅游产品生产商应结合 2013 年 12 月 1 日发布的国家旅游行业标准《旅行社安全规范》（LB/T 028—2013）等旅游行业标准，制定旅游产品运营风险防范预案。旅游产品运营安全应急预案应涵盖但不限于以下内容：自然灾害、公共卫生事件、事故灾难、社会安全事件等常见事故的处置方法；应急救援组织机构与人员职责分工；应急救援的组织方式、启动程序、处置程序、善后处理、定期保障演练；旅行社等企业内部相关职能部门和政府、安全、消防、救险、医疗等相关单位与部门的信息报告、联系方式、新闻发布。应根据经营范围和管理现状，补充制定针对特种旅游、特定旅游区域或特定类型的突发事件应急预案。

定制旅游产品生产商指导和监督旅游产品运营风险防范预案的执行，具体可从以下几方面着手。

1. 旅游产品运营的每一个环节均与安全规章制度紧密结合

（1）旅游者招徕环节应关注旅游者健康和旅游能力评估、旅游保险的推荐与代订。

（2）旅游供应商管理环节应关注旅游供应商安全生产责任、安全服务管理与操作规程、安全检查和隐患排查整改管理、安全事故报告和处理、治安、消防管理。

（3）旅游接待环节应关注旅游者安全保护制度，以及老年人、未成年人和残疾旅游者的安全保障措施，突发事件应急预案及操作手册。

（4）安全事故处理过程应注意安全工作台账管理、安全考核和奖惩、安全事故调查与责任追究制度。

2. 落实旅游产品设计安全要求

定制旅游产品生产商设计的旅游产品针对行程编排进行安全评估，通过安全评估的方能发布和销售。安全评估应重点关注以下内容：是否违反国家交通相关法规；是否涉及受突发事件影响而列入橙色以上预警的地区，或我国外交部建议中国公民暂勿前往的国家或地区；出境旅游产品是否未经主管部门批准的国家或地区作为旅游目的地；是否组织安排潜水、漂流等相对较高风险的旅游项目并是否进行了安全提示；是否有针对突发事件的应急预案或应对措施；是否对特殊人群列明健康要求；对旅游产品履行辅助人的安全资质证明有无备案；是否包含相关法律法规禁止的其他内容。定制旅游产品生产商设计规模较大的团队旅游产品，应了解旅游目的地的相关安全要求或规定，需要申报、备案的应提前向相关行政管理部门申报、备案。设计特种旅游产品时，应制定相应的安全告知、安全防范措施和应急救援预案。

3. 落实旅游产品招徕安全要求

旅游者报名和组团时，定制旅游产品生产商应对旅游项目风险等安全事宜做出明示。在介绍旅游产品特别是特种旅游产品时，对可能危及旅游者人身、财产安全的特殊因素和风险应如实相告。与旅游者签订的旅游合同中，应有专门的条款约定双方的安全责任与义务。应要求旅游者如实提供与旅游活动相关的个人健康信息，并以书面形式予以确认。对特种旅游产品应编制专门的旅游合同，或在现有旅游合同中设置专门的安全条款，制定专门的保险合同或风险控制条款与注意事项。应建议旅游者购买个人旅游意外保险，以防范旅游过程中的各类风险。招徕无民事行为能力或限制民事行为能力的自然人参加旅游活动的，应与其法定监护人订立含有安全条款的旅游合同。

4. 落实旅游产品组织安全要求

定制旅游产品生产商拟选用的履行辅助人应确保：具备合法经营资质、证照齐全，有完善的安全管理制度和安全保障措施、应急处置预案和相关赔付制度及赔付能力；有能满足团队接待需要的履约能力；特种旅游涉及的履行辅助人有针对特种项目的安全措施、专业人员、应急预案、责任保险和相关专业器材；与履行辅助人签订的采购合同/协议，应有相关安全条款，约定各方在对旅游者安全保障、突发事件处置、善后赔偿等方面的权利与义务。应对履行辅助人的安全保障能力进行定期考察。

知 识卡片

旅游安全是旅游工作的生命线，广之旅历来重视质量安全管理，建立安全生产组织架构，严格遵守质量安全法律法规、国家标准以及政府相关规定，将质量安全责任与管控措施落实到位。

一、构建质量安全责任体系，完善质量安全生产保障机制

广之旅的质量安全制度文件要求落实安全生产主体责任"横向到边，纵向到底，全面覆盖，不留死角"原则，主要做法有如下。

（1）形成公司安全生产委员会、安全生产委员会办公室（以下简称安全办）、各个部门安全工作小组三级"安全生产管理监督网络"并实行"安全生产一票否决"管理机制。

（2）广之旅于2015年修订了《广之旅安全生产管理与责任制度》，细化和明确了公司各级安全生产机构及安全生产第一责任人的职责，通过签订《年度广之旅安全生产目标管理工作责任书》层层压实，落实安全生产任务。同年起，先后出台了《广之旅旅游安全工作手册》《广之旅安全生产事故应急预案》《广之旅突发事件应急管理制度》《关于境外旅游团队突发/特殊事件应急处理的操作指引》《公共卫生突发事件应急工作方案》《广之旅旅游团队疫情防控服务规范》《广之旅质量隐患排查整改督办管理制度》等一系列质量安全风险管理制度文件（见表2-1），从风险排查、风险识别和风险防控三方面规定了广之旅的质量安全保证措施，对于旅游突发事件的应急预案和操作指引，细化落实了对旅游突发事件的应急处理，对处理的时限、责任人、职责分工均具体说明，层层压实、责任到人。

表2-1 质量安全风险管理制度列表

序号	制度名称
1	广之旅旅游安全工作手册
2	广之旅安全生产管理与责任制度
3	广之旅安全生产事故应急预案
4	广之旅突发事件应急管理制度
5	关于境外旅游团队突发/特殊事件应急处理的操作指引
6	公共卫生突发事件应急工作方案
7	广之旅应对疫情防控工作实施方案
8	广之旅旅游团队疫情防控服务规范
9	营销总部市内门店防疫工作管理实施细则
10	广之旅质量隐患排查整改督办管理制度

续表

序号	制度名称
11	广之旅质量隐患排查整改督办实施细则
12	广之旅本部包价旅游行程单抽查工作指引

二、实现质量安全责任覆盖服务提供全过程

（1）预判质量安全风险，做好防控。广之旅旅游服务的安全风险点主要在集中于生产与服务环节、供应商使用、法律风险、安全保障及紧急救助义务风险、经营风险五大方面，通过提早预判关键风险点，定期与不定期进行质量隐患排查，及时采取防控措施，杜绝安全质量问题的发生（见表2-2）。

表2-2　质量安全风险收集与防控表

风险类别	关键风险点	防范控制措施
生产与服务环节	1. 产品研发 2. 产品上架 3. 宣传销售 4. 导游带团 5. 旅游用车	1. 产品研发时对安全性进行评估 2. 旅游产品上架前进行安全性审查 3. 在行程单上提示安全风险，落实事前预警、事中注意、事后救助等防控措施 4. 旅游产品上架后进行行程单抽查 5. 在销售、带团环节对旅游者做好安全提示 6. 根据出游季节与旅游目的地情况对供应商安全防御事项做出部署，压实供应商的安全责任 7. 对公司旅游汽车的安全性能检测和司机的上岗状态进行监测 8. 对安全管理制度的有效运行进行专项检查，以确保及时排查和整改安全隐患
供应商使用	1. 严格执行供应商准入制度 2. 严格执行供应商退出机制	建立合格供应商准入、年度考核和退出机制，完善《地接社承诺书》并将其作为年度合同的补充，明确地接社的权利义务，确保地接社在旅游接待服务过程中，按照《旅游法》《合同法》的要求承担责任
法律风险	1. 合同审批不规范 2. 因地接社接待工作疏忽导致的违约、违规风险 3. 导游擅自增加游览项目或者安排购物 4. 因旅游产品说明书或者行程单措辞含糊导致旅游者在选择旅游产品时无法真实全面获得知情权导致的风险	1. 修订完善《广之旅经济合同管理制度》，进一步明确各类合同的审批和管理流程 2. 根据旅游法相关规定，明确销售、计调、导游各岗位人员的规范性操作，并对三大板块涉岗人员进行指导、培训和测试 3. 发布《广告用语规范》《广告用语使用规范准则》，制定《旅游者参团告知书》《自备签证参团确认函》，确保全面、真实、规范地撰写旅游产品说明书或者行程单，避免旅游者误解而导致投诉风险

续表

风险类别	关键风险点	防范控制措施
安全保障及紧急救助义务风险	遇到突发意外事件未尽安全保障或紧急救助义务	细化落实对突发事件的应急处理预案，对处理的时限、责任人、职责分工均具体说明，层层压实、责任到人，制定《广之旅突发事件应急管理制度》《广之旅旅游突发事件应急管理制度》《关于境外旅游团队突发/特殊事件应急处理的操作指引》，作为导游领队带团过程中遇到应急事件处理的示范文本，以规避或减少因工作过失导致承担的法律责任

（2）依据相关安全生产制度的规定，公司安全办组织各安全生产委员对服务全过程的质量安全责任保障执行情况进行常规检查的专项抽查。每年年末按照《广之旅安全生产管理与责任制度》所附的《广之旅安全管理目标考核评分表》对各项安全工作进行安全生产考核，并将考核结果与责任人的年度绩效挂钩。

三、落实安全责任与管控措施

安全应急演练是广之旅质量安全管理的重要内容，依据有关应急预案模拟应对突发事件。广之旅每年都会组织至少4次以上的单项或综合演练，目的是检验预案，锻炼队伍，提高员工的风险防范意识和自救互救的应对能力，通过演练，及时发现应急处置工作中存在的问题并予以改进，提升各岗位人员应对突发事件的反应速度和处置技能。

（资料来源：广州广之旅国际旅行社股份有限公司）

（三）制订残疾人、老年人、未成年人等特殊人群旅游风险防范预案并指导和监督执行

《〈中华人民共和国旅游法〉解读》指出：对旅游经营者来说，既要开发适合特殊旅游者群体的旅游产品，也要考虑到老年旅游者身体素质较弱、未成年人自我安全防范能力不足、残疾人行动不方便等安全隐患因素，提供有针对性的急救设施、无障碍旅游设施和专业服务人员等，确保其能更好、更安全地享受旅游服务。这与《未成年人保护法》《残疾人保障法》等法律、法规的要求相一致。

相对于普通人群，制订残疾人、老年人、未成年人等特殊人群旅游风险防范预案并指导和监督执行需关注以下几个环节。

（1）旅游经营者无障碍设施能否正常使用，是否得到良好的维护。

（2）旅游经营者无障碍服务团队是否具备对特殊人群服务技能和救助能力。

（3）旅游经营者信息无障碍建设水平是否能够达到便于特殊人群及时获

取安全警示信息，以及便捷进行求助信息发布的标准。

（4）旅游经营者推荐的无障碍活动区域与疏散、逃生通道是否连接并全程可以实现无障碍通行。

（5）旅游经营者是否为特殊人群配备便于其活动的辅助器具。

（6）旅游经营者是否建立特殊人群人身安全管理制度，是否对其遭受攻击、伤害、走失等重点安全问题进行监控。

（7）旅游经营者是否加强对导游、司机等随团服务人员特殊人群服务技能和救助能力的培训，并进行考核。

任务实施

都市微游持续时间有半天或者大半天，以都市文旅融合的项目为载体，集主题、社交、审美、文化于一身，其主客共享的特征决定了这些产品既可以满足外地旅游者到访后的碎片化需求，也能够成为本地居民的文化旅游休闲选择。"建筑可阅读"系列都市旅游产品旅游目的地为上海，上海作为国际化大都市，人文旅游资源丰富，交通区位条件优越，旅游项目规划布局紧密，旅游公共服务完善，社会治理能力强。

某定制旅游产品生产商在该产品的导游讲解板块下了很大功夫，全部采用在编专业导游，专业导游全面介入到产品设计环节，并进行后期的业务培训、全方位地讲解考核。过硬的导游讲解质量助力于产品品质提升，旅游者在 2～4 小时的城市微游中获得有深度的旅游体验。该产品拥有技术团队、服务团队保障，并且实现了专业化分工，团队组建和运营较为默契。该产品开发和制作环节的流程借助信息技术实现了标准化和上下工序衔接，人员和资源匹配方面运作良好，作业效率高，产品实现了大规模量产，也因此保证了产品的优质和低价。

该产品的体验价值高，而且由于具有地域文化特异性、资源优越性和技术开发壁垒，较难被同业跟风仿制。如果某定制旅游产品生产商持续创造产品的体验价值，就会保持产品本身的吸引力。该定制旅游产品生产商深耕上海组团市场多年，是上海人信任的服务品牌企业。该产品市场价格为 49 元，借力企业的内容营销和私域流量运营，产品获取了强大市场影响力和好评度，其带来的资源价值远超产品利润。

拓展阅读：守护特殊人群的"诗和远方"，杭州 5 条无障碍游线完成验收

思考与练习

广州的某家定制旅游产品生产商准备推出宁夏康养旅游产品，请问该生产商应如何分析宁夏作为康养旅游目的地的可进入性。

工作任务二　定制旅游产品制作流程管控

任务引入

请以前文提到的"建筑可阅读"定制旅游产品案例为例，结合文化旅游类定制产品制作的特性，分析如何对购进的旅游服务项目进行控制、验证，注重采购活动的必要性、合理性与规范性；从艺术性、舒适性、安全性等角度出发，分析如何注重文化旅游类定制产品节点规划和体验活动设计，并对其进行修正和完善；进行文化旅游类定制产品的定价，并从是否有利于市场竞争的角度适时提出价格调整方案。

任务分析

定制旅游产品制作流程的管控是确保产品质量、效率和准时交付的关键。定制旅游产品生产商在建立采购协作网络时，应坚持采购原则，按照相关流程规范操作采购业务。定制旅游产品生产商应对城市节点、景区节点、餐饮住宿节点、交通集散节点规划及体验活动设计的品质进行评估与修正。定制旅游产品生产商还应适时进行产品价格的调整。这些均影响着定制旅游产品制作流程管控的实效性。

知识链接

一、对采购的旅游服务项目进行控制、验证，注重采购活动的必要性、合理性与规范性

定制旅游产品生产商应对采购的旅游服务项目进行控制、验证，因此定制旅游产品生产商管理旅游供应商的能力非常重要。定制旅游产品生产商应依据质量标准选择旅游供应商并采购旅游服务项目，并通过对旅游供应商进行绩效评价，以考量旅游供应商提供的服务质量是否达到采购质量标准。如果旅游供应商提供的服务出现较为严重的问题，应督促旅游供应商查明原因并采取相应的纠正或预防措施，同时，定制旅游产品生产商也要对自身的管理水平进行审视，以便在未来避免类似问题。

（一）建立采购协作网络

定制旅游产品生产商通过建立采购协作网络，以达到保证供应和控制采

购成本的目的。采购协作网络是指定制旅游产品生产商为了保证所需旅游服务的供给，通过与多个旅游供应商就合作内容与合作方式达成共识，签订合作协议，明确双方的权利、义务及违约责任，进而建立相对稳定的旅游服务供应系统。建立采购协作网络是定制旅游产品生产商资源采购的基础工作。为保障采购活动的必要性、合理性与规范性，定制旅游产品生产商在建立采购协作网络的过程中，必须坚持以下 5 个原则。

1. 保证供应原则

保证供应原则是定制旅游产品生产商在采购各项旅游服务项目时必须遵循的首要原则。定制旅游产品能否满足旅游者的需求，在很大程度上取决于定制旅游产品生产商能否保证旅游者所需要的各种旅游服务的供应。与旅游新业态项目供应商合作时，由于涉及跨界资源整合，在合作协议签署方面须做好约定，以确保供应的稳定性。

2. 安全至上原则

定制旅游产品生产商采购旅游服务项目的过程中应充分考虑项目整体的安全性，应确认旅游供应商在突发事件发生时是否能及时采取团队旅游安全应急处理与公共卫生防控措施。定制旅游产品生产商应确认旅游供应商制定的突发事件应急处理预案的内容，其主要内容应包括紧急救援、处理流程、责任分工、信息上报、响应时间。

3. 品质达标原则

品质达标原则是指对于所采购的旅游服务项目，定制旅游产品生产商不仅要保证其数量能满足旅游者的需求，还要具有体验感和设计感，能够充分满足旅游者个性化需求。定制旅游产品生产商要引导旅游供应商建立严选机制，为特定情境下的旅游者提供品质服务。

4. 成本优先原则

成本优先原则是指定制旅游产品生产商通过加强内部成本控制，在定制旅游产品开发、生产、销售、服务和广告等领域里尽可能地降低成本，更多地让利于旅游者。定制旅游产品生产商应在保证供应和服务质量的前提下，综合考虑价格、质量、品牌、服务等，选择性价比优的旅游产品，并设法控制成本，创造更多收益。

5. 伙伴式合作原则

定制旅游产品生产商的产品质量和价格在很大程度上取决于所采购的旅游服务项目的质量和价格。旅游供应商企业的价值链和定制旅游产品生产商的价值链之间的联系为定制旅游产品生产商增强其竞争优势提供了机会。定制旅游产品生产商应通过对旅游供应商的质量评估和全面调研，与供应商形成伙伴式合作关系，在相互信任的基础上，双方为了实现共同的目标而共担风险、共享利益，使得旅游供应商有意愿和有能力提供定制旅游产品所需要的超过常规要求的衍生服务。

（二）变更采购计划的原则

值得注意的是，如果旅游计划有变更或发生突发事件，定制旅游产品生产商需要对原先的采购计划进行变更。一般来说，在变更采购计划时，应遵循以下原则。

1. 变更最小原则

定制旅游产品生产商应将变更涉及的范围控制在最小限度内，尽可能对原计划不做大的改动，也尽量不引起其他要素的变化。

2. 同级变通原则

一般来说，变更后的服务内容与最初约定的服务内容在级别、档次上应力求一致，特别是在住宿服务和游览服务方面。

3. 在合理、便利前提下获取特色旅游服务原则

变更采购可能会意味着之前安排的特色旅游服务缺失，或者该特色旅游服务的内容、形式发生变化，定制旅游产品生产商应在与旅游者充分沟通的基础上，视具体情况需要对特色旅游服务作出必要的、适当的修改和调整，但不得给旅游者造成不适当的负担。

相对于预制旅游产品，定制旅游产品对旅游供应商的服务要求更高。定制旅游产品生产商应充分了解旅游供应商的服务现状，加强与旅游供应商的沟通，采购与产品主题匹配的特色旅游服务，并指导旅游供应商提升旅游服务的文化内涵和体验质量。

定制旅游产品的制作需要有效利用和整合旅游企业上下游供应链与跨行业资源合作伙伴的整体资源。定制旅游产品高频、快速地回应市场的需要，倒逼旅游供应链从传统的资源模式朝着更快捷、更多元、系统内裂变及更智能化变革升级。

对于线下定制旅游产品生产商而言，要熟悉和挖掘旅游目的地资源，对于线上定制旅游产品生产商而言，应根据各地面服务商和产品供应商的服务能力标签搭建适合定制旅游企业广泛使用的供应链数据平台。

（三）采购旅游服务的流程

定制旅游产品生产商应注重采购旅游供应商提供的各项旅游服务的必要性、合理性与规范性，具体如下。

1. 旅游交通服务

旅游交通既包括城际之间的交通（外部），又包括在观光区域内的漫游活动（内部），旅游交通是旅游目的地可进入性的基本保障。发达的对外交通对于旅游者有一定的吸引力，便捷的内部交通则可以使旅游更通畅、更省时。旅

游交通是一个系统，包含旅游交通工具、旅游交通路线、旅游交通设施、旅游交通服务。旅游交通系统的建设要围绕旅游目的地体系中的各类旅游吸引物，建设主干道、次干道，形成区域内齐全、方便、快捷、安全的旅游综合交通网络体系。旅游交通系统建设还要解决旅游功能配置问题，重点建立和完善主要交通路线上旅游标牌标志、休息服务区、汽车营地、医疗救护点、通信网络、旅游购物区、旅游厕所等配套服务设施，满足团队和散客旅游的需求。

采购旅游交通服务时，定制旅游产品生产商应综合考虑所采购交通工具的安全性、舒适性、经济性和便捷性等各方面因素。根据交通工具的不同，交通服务的采购主要分为航空交通服务的采购、铁路交通服务的采购、公路交通服务的采购和水上交通服务的采购。定制旅游产品的交通服务采购要体现设计感，交通服务应与该旅游产品的主题相吻合，从旅游道路的走向、旅游工具的选择和旅游设施的构造上都要与定制旅游产品的主题相呼应，构建适宜的旅游体验氛围。

（1）航空交通服务的采购。

航空交通服务的采购方式分为定期航班机票的采购和旅游包机的预订两种。定期航班机票的采购包括机票的预订、机票的确认、机票的变更、机票的退订。旅游包机是定制旅游产品生产商因无法满足旅游者乘坐常规航班抵达目的地的要求或为节省大交通成本而采取的航空交通采购方式。定制旅游产品生产商参与包机旅游的形式大致分为3种：第一种是定制旅游产品生产商通过与包机商合作，独家承包某个航空公司的整架航班；第二种是几家旅游产品生产商联合承包某个航空公司的一架航班，以降低运营风险；第三种是定制旅游产品生产商采取"切位"的形式从经销商那里获得部分机位。而这3种形式，第一种和第二种风险系数相对较高，投入也最大。定制旅游产品生产商需要对航空公司运力、目的地的客源进行系统调研以确保将风险降到最低。凡需要包机的定制旅游产品生产商，应提前与民航主管部门、航空公司联系，填写包机申请书，包机申请经航空公司同意后，应签订包机合同。包机合同签订后，如果包机的定制旅游产品生产商要求取消包机，需按规定交付退包费。

定制旅游产品生产商采购航空服务，具体落实在飞机的订位上。定制旅游产品生产商应根据旅游接待预报计划，在规定的期限内向航空公司提出订位，如有变更，应及时通知有关方面。航空交通服务的采购流程如下。

① 确定采购对象。定制旅游产品生产商应根据定制旅游产品制作的要求，了解航空公司的规定及航空公司的实力，主要包括航空公司的服务质量、机票折扣、机位数量、航班密度、改签/退票的手续及费用、付款方式、竞争优势等信息。选出基本符合定制旅游产品生产商要求的航空公司，并与其初步洽谈

合作事宜。然后通过实地考察，综合比较各方面情况，从中筛选出符合定制旅游产品生产商要求的航空公司。

② 实施订购业务。当收到旅游者的咨询信息后，定制旅游产品生产商应根据旅游者的需求选择航空公司，并就具体情况与航空公司的工作人员沟通，提出订票、购票最佳需求，航空交通部门在约定的时间内出票，旅行策划人员在约定的时间内接票。

③ 报账结算。定制旅游产品生产商审核订、购票的明细账及返利情况，审核无误后，根据约定付款时间及方式为航空交通部门办理结算事宜，并支付相应的票款。

（2）铁路交通服务的采购。

铁路交通服务的采购方式为固定车次的旅客列车车票的采购和旅游专列的采购。固定车次的旅客列车车票的采购业务通常包括火车票的预订与购买、退票、车票改签和变更路线等。旅游专列是指在开行时间和线路上进行特别安排，以运送旅游团队为目的的专线列车（不包括常规运营的旅游列车）。旅游专列之所以能在短期内获得较快发展，是因为旅游专列既符合旅游者的利益，又符合定制旅游产品生产商和铁路部门的利益。对旅游者来说，旅游专列安全、舒适、便捷、价格低廉，且列车内有着共同旅游目的地的众多旅游者可以进行沟通和交流。对定制旅游产品生产商来说，通过旅游专列的形式能实现定制旅游产品生产商的规模经营和联合经营，降低经营成本，提高经济效益；同时，旅游专列的社会影响力也能提高定制旅游产品生产商的知名度和美誉度。对铁路部门来说，运行旅游专列可获得稳定的利润。尽管旅游专列有很大的优势，但要组织一趟旅游专列却受到许多因素的制约。定制旅游产品生产商应充分考虑这些因素，在条件成熟时才能组织旅游专列。

定制旅游产品生产商采购铁路交通服务的流程主要如下。

① 实施订票、购票业务。定制旅游产品生产商根据接待计划中人数、车次、火车类别及特殊旅游者乘车席别、铺位的需求，在规定的时间内向铁路交通部门提出订票需求，并支付票款，铁路交通部门在约定的时间内出票，定制旅游产品生产商在约定的时间内接票。

② 财务报销。定制旅游产品生产商审核订、购票的明细及手续费，审核无误后凭票证办理报销。

（3）公路交通服务的采购。

公路交通是主要的旅游交通方式之一，也是最重要的中短途客运方式，主要用于市内游览和近距离旅游目的地之间的旅行。它的优点是方便旅游者可以去已通公路的旅游景区参观游览，具有灵活、方便、自由的特点，基本上可以做到点对点。缺点是乘车过久容易使人疲倦，安全系数相对较低。

公路交通服务的采购方式为固定班次汽车的汽车票采购和旅游包车的采购。采购公路交通服务更多表现为旅游包车。旅游包车指旅游汽车公司出租给定制旅游产品生产商有营运证的车辆，以小时、天等形式租用的服务项目，视车型、车座、旅途长短等形式而收费额度不等。定制旅游产品生产商采购公路交通服务的流程主要如下。

① 确定采购对象。定制旅游产品生产商在采购公路交通服务时应对提供此项服务的旅游客运公司进行调查，充分了解该公司所拥有的车辆数量、车型、车龄、性能、驾驶员的技术水平、公司的管理状况、租车费用等情况。定制旅游产品生产商将搜集到的有关信息加以整理和分析，确定符合要求的采购对象。

② 签订合作协议。定制旅游产品生产商与旅游客运公司签订合作协议。协议中须明确有关误接、误送（机、车）、行李破坏、丢失、赔款等责任。

③ 整理相关资料。定制旅游产品生产商将签约旅游客运公司名称、日夜值班电话、调度联系人姓名整理列表，附有关规定或说明打印后，分发给各接待部门，将用车协议书副本报审计、财务部门备案。

④ 实施订车业务。定制旅游产品生产商根据接待计划中人数、车型、车况及特殊旅游者乘车需求，在规定时间内向旅游客运公司提出旅游包车需求。

⑤ 报账结算。明确核账程序，按期统一向签约单位结账付款。

（4）水上交通服务的采购。

水上旅游交通是在固定的水域或固定的航线上，使用船舶运载旅游者，或在船上沿途观光、或在观光地停泊上岸观光游览的交通方式，具有经济、舒适、安全等优点。水上旅游交通分为远洋航运、沿海航运和内河航运三大类。水上旅游交通工具主要有游轮和邮轮。游轮是用于搭载乘客从事旅行、参观、游览活动的各类客运机动船只的统称，又称游船、旅游船。游轮一般定期或不定期沿一定的水上旅游线路航行，在一个或数个观光地停泊，以便让旅游者参观游览。普通客轮兼用于旅游或经改装后专用于旅游也可称游轮。游轮除具备一般客轮的基本功能外，大多提供专门的观景、娱乐设施和服务项目。游轮的种类很多，按照内部设施和装修档次的不同，大体可以分为普通游轮和豪华游轮，按照航行水域的不同又可以分为远洋游轮、近海沿海游轮和内河游轮。邮轮指在海洋中航行的具有旅游娱乐功能的轮船。现代邮轮本身就是旅游目的地，其生活娱乐设施是海上旅游中的一个重要组成部分，靠岸是为了观光或完成海上旅游行程。

定制旅游产品生产商采购水上交通服务的流程主要如下。

① 船票购买。定制旅游产品生产商在购买船票时应根据旅行计划逐项核对船票的日期、离港时间、船次、船名、航向、乘客名单、船票数量及船票金

额等内容，然后进行船票预订，支付团队定金、付船票款。

② 退票。购票后，如因旅行计划变更造成乘船人数增加、减少等情况，定制旅游产品生产商应及时办理增购或退票手续。

2. 餐饮、住宿、游览服务

（1）餐饮服务的采购。

旅游餐饮是旅游者重要的需求内容。旅游团队餐分为早餐和正餐，正餐包括中餐和晚餐。早餐一般含在饭店的房费中，星级饭店的早餐一般采用中式圆桌餐或中西式自助餐，涉外饭店会以点套餐的方式供餐。午晚餐为正餐，应荤素搭配。风味餐为旅游团队餐的较高级别，用餐标准应明显高于普通团队餐。除了餐食之外，旅游餐厅的卫生状况、面积大小等硬件设施，以及周边配套，如停车场等也很重要。

定制旅游产品生产商应重视对餐饮服务的采购，在采购餐饮服务时应根据旅游者的口味、生活习惯、旅游消费档次等因素，安排旅游者到卫生条件好、餐饮产品质量高、服务规范、规范经营、交通便利的餐厅就餐。

餐饮服务的采购方式为定点采购。所谓定点采购，是指定制旅游产品生产商对餐饮设施进行考察和筛选后，同被选择的餐厅进行协商，就旅游团队用餐的具体要求、菜单、就餐标准等方面达成协议，餐厅成为定制旅游产品生产商的定点餐厅。定制旅游产品生产商负责安排旅游者前往该餐厅用餐，餐厅按照相应约定向旅游者提供餐饮产品和服务。

定制旅游产品生产商采购餐饮服务的流程主要如下。

① 确定采购对象。定制旅游产品生产商根据经营计划，利用行业资源调研及网络资源查找、实地考察等方式，充分了解餐饮场所的地理位置、规模、环境、卫生状况、用餐标准、菜品特色、服务水平、诚信经营状况等，选出基本符合定制旅游产品生产商要求的餐厅，并与其初步洽谈合作事宜。然后通过实地考察和综合考虑，从中选出符合定制旅游产品生产商要求的餐厅。

② 签订合作协议。定制旅游产品生产商根据考察结果，与多家符合定制旅游产品设计要求的餐厅进行洽谈，协商具体合作事宜，双方签订合作协议。将签署的合作协议进行编号、存档，并报送相关部门备案。

③ 根据接待计划落实订餐工作。定制旅游产品生产商根据旅游者餐饮要求，即用餐禁忌、用餐风味、路程、餐厅位置、接待能力、用餐标准、付款方式等要求制订餐饮采购计划，在已签订合作协议的餐厅中选择用餐场所。如不能满足本次用餐需要，需再次调整餐饮采购计划。最终选择符合本次旅游行程要求的餐厅，及时与餐厅联系确认用餐安排。

④ 报账结算。定制旅游产品生产商根据财务规定和合作协议的相关规定，及时将用餐费用明细审核无误后，与餐厅办理结算。

（2）住宿服务的采购。

旅游住宿包括饭店、度假村（山庄）、招待所、家庭旅馆、青年旅舍、大众旅社、疗养院、出租公寓、温泉酒店、汽车旅馆等。住宿服务是定制旅游产品的重要组成部分，在一定程度上成为衡量一个国家或地区旅游接待能力的重要标准。定制旅游产品生产商应重视对住宿服务的采购，与住宿行业建立长久、稳定、互利的合作关系，以提供满足旅游者需求的住宿服务。以下以饭店为例阐述住宿服务的采购。

饭店采购方式主要有 5 种，即网络平台采购、直接采购、通过饭店采购中心采购、通过饭店销售代表采购、通过地接服务商采购。

① 网络平台采购。通过网络平台采购饭店的优点是饭店信息较为翔实，价格相对透明，采购较为便捷。

② 直接采购。直接采购是定制旅游产品生产商通过邮件、信函、传真等方式直接向有关饭店提出采购要求，又称直接预订。直接采购的优点是：无中间环节，降低了采购成本；能直接掌握饭店的客房情况，较有把握采购到住房；能够与饭店建立起较为密切的合作关系，有利于采购业务的进一步开展。直接采购的缺点是：定制旅游产品生产商必须与要采购的饭店逐一打交道，在联系饭店、寄送采购申请、确认住房人数及名单、付房费等方面花费大量时间和精力；外地饭店可能在交纳租房采购金、付款期限、客房保留截止日期等方面不给予优惠或优惠很少。

③ 通过饭店采购中心采购。通过饭店采购中心采购只适用于连锁饭店。如果定制旅游产品生产商选择的住宿服务企业是连锁饭店集团旗下的酒店，则可以通过该饭店集团采购中心为其采购所需客房。通过饭店采购中心采购的优点是：定制旅游产品生产商可获得该饭店可靠的信息，比较方便地获得所需要的客房，且价格也比较优惠。其缺点是：定制旅游产品生产商的选择范围局限于连锁饭店集团内，失去了一些其他选择机会；采购被确认后，定制旅游产品生产商仍要与将要入住的饭店联系，通过该饭店办理相关订房手续。

④ 通过饭店销售代表采购。饭店销售代表熟悉饭店的情况，通过饭店销售代表采购客房，可以省去很多麻烦。但饭店销售代表可能同时为多家饭店提供服务，难以熟悉每一家饭店的情况，定制旅游产品生产商应多次与饭店销售代表沟通，必要时可亲自对饭店进行考察，确保饭店住宿服务成功采购。

⑤ 通过地接服务商采购。由于地接服务商比较熟悉当地饭店供应情况，定制旅游产品生产商把当地饭店的采购业务委托给地接服务商办理，通过地接服务商来采购饭店。

定制旅游产品生产商采购住宿服务的流程主要如下。

① 确定采购对象。定制旅游产品生产商根据定制旅游产品设计要求，收

集、调查各地饭店的资料，根据实际情况，与基本符合要求的饭店洽谈合作事宜，并进行实地考察，主要考察环境、设施、服务、饭店星级、饭店的类型等。通过实地考察，了解有关订房的各种规定。

② 签订合作协议。定制旅游产品生产商与多家符合要求的饭店进行合作洽谈，根据当地行规，协商拟订合作协议，双方签订合作协议。对签署的合作协议进行编号、存档，并报送相关部门备案。

③ 根据接待计划落实订房工作。定制旅游产品生产商根据旅游者的住宿要求，根据行程安排、饭店位置、房间数量、入住时间、是否在饭店用餐、本次旅游活动的住宿价格、饭店等级、付款方式的要求制订住宿采购计划。根据住宿采购计划，在已签订合作协议的饭店中选择符合要求的饭店。如没有符合要求的饭店，需调整住宿采购计划。之后及时与饭店联系，履行订房手续。

④ 报账结算。定制旅游产品生产商根据合作协议的相关规定，根据本次用房协议付款方式规定，及时审核住房费用明细，审核无误后，与饭店办理结算。

（3）游览服务的采购。

游览项目是旅游活动的主体，也是旅游者选择定制旅游产品主要的原因和动机之一。以下以景区为例，阐述游览服务采购的相关内容。

旅游景区是指有统一的经营管理机构和明确的地域范围，能够满足旅游者游览观光、消遣娱乐、康体健身、求知等旅游需求，并具备相应的旅游服务设施和提供旅游服务的独立管理区域。旅游景区范围广泛，包括风景区、文博院馆、寺庙观堂、旅游度假区、自然保护区、主题公园、森林公园、地质公园、游乐园、动物园、植物园等。定制旅游产品生产商在采购景区时，要了解其资源品位、特色、淡旺季门票价格、门票减免优惠政策、景区交通接驳车费用、开放时间、景区游览线路、景区安全保障、景区的交通可达性，要特别关注不同客源地旅游者对这些景区的评价，以及特殊群体优惠政策、景区最大承载量、景区公众责任险、景区应急预案。

定制旅游产品生产商应熟悉旅游目的地的重要景区，对新开辟的景区进行细致调研，根据具体情况提出合作意向。定制旅游产品生产商应与景区建立密切的合作关系，并就门票单价、结账方式、减免人数等，与景区协商，达成一致意见后签订合作协议。

定制旅游产品生产商采购游览服务的流程主要如下。

① 确定采购对象。定制旅游产品生产商应考察、收集景区的相关信息资料。经过初步筛选后，对基本符合采购要求的景区进行实地考察，重点考察旅游资源情况、地理位置、交通可达性、停车场地、结算方式、销售配合、接待能力和服务情况等。通过实地考察，进行综合比较和评价，选出符合采购要求

的景区。

② 签订合作协议。根据定制旅游产品生产商需求与选定的景区进行洽谈、协商合作事宜，包括旅游团队门票折扣、散客门票折扣。定制旅游产品生产商宜与景区附属的服务部门（如游湖船队、缆车组等）及独立于景区的相关服务部门（如直升机游览公司、旅游车船公司、游船公司等）建立合作关系，以便给旅游者提供更好的服务。在协商一致的基础上，拟订合作协议，双方签署合作协议。将签署的合作协议进行编号、存档，并报送相关部门备案。

③ 带团游览。团队确定后，定制旅游产品生产商根据旅游者游览要求，确定景区及游览该景区的时间，景区根据接待计划，安排旅游者游览观光。如遇接待大型旅游团队，定制旅游产品生产商要提早与景区沟通游览事宜和特需服务。

④ 报账结算。定制旅游产品生产商审核参观游览结算单无误后与景区办理结算。

二、从艺术性、舒适性、安全性等角度出发，进行定制旅游产品节点规划和体验活动设计，并进行修正和完善

定制旅游产品节点规划和体验活动设计是定制旅游产品制作最关键的环节，以下分别阐述如何从艺术性、舒适性、安全性等角度出发，进行定制旅游产品节点规划和体验活动设计，并进行修正和完善。

（一）定制旅游产品节点规划

旅游产品的节点是旅游过程中一系列满足旅游者旅游需求（食、住、行、游、购、娱）的停留点，主要包括城市节点、景区节点、餐饮住宿节点、交通集散节点、临时节点等类型。节点是不同性质旅游线段的连接之处，是旅游者旅游方式的切换点，是不同的旅游者群体的游线分岔点，节点的要求是分布相对集中、尽可能避开核心区、有交通换乘点和便利的服务设施。旅游产品节点的规划，决定了旅游产品的空间结构和时间结构。节点规划要本着时间最省、路径最短、性价比最高、游览内容最丰富，体现当地旅游特色的原则，注意旅行顺序和旅行节奏的安排。

一般而言，定制旅游产品节点规划分为以下几类。

1. 定制旅游产品城市节点的规划

城市节点能够反映一次旅游过程的主要内容和特征，使旅游者估测到此次旅行的距离、所需要的时间、花费、主要区域对象等信息，因此，城市节点的规划是旅游者对旅游产品关注的重点。

在旅游行程中，旅游者最先进入的城市是门户城市节点，门户城市节点和旅游者居住的客源地之间交通要便捷，门户城市节点的旅游资源要丰富，以

便在旅游产品的起点便能给旅游者留下美好的印象。旅游者结束旅游的最后一个城市称为离境城市节点，离境城市节点与客源地之间的交通可达性要好，旅游资源丰富，能够给旅游者审美体验画上圆满的句号。门户城市节点和离境城市节点之间的城市称为中途城市节点。中途城市节点的停留时间短，只要是有吸引力的旅游景区，且区间交通便捷，旅游服务设施能满足常规需求即可。

城市节点的规划，要考虑旅游城市之间区域合作与协同。旅游城市之间应建立旅游目的地体系建设的理念，以旅游产品打造为引导，统筹多个旅游目的地的建设与发展，从而形成各个旅游城市综合协调抓旅游要素建设的工作机制，优化旅游产业布局，推进区域经济社会协调发展。在整合区域旅游业集聚发展的过程中，加强区域间合作、跨区域的发展，搭建合作平台，促进区域内旅游业要素资源整合。城市节点的规划应遵循旅游产业的功能综合性和产业互融性特征，在确立重点城市节点的同时，考虑交通通道走向及周边旅游城市的资源和要素分布，以促进旅游目的地体系内要素产业均衡协调发展为驱动，丰富完善旅游综合服务供给。

2. 定制旅游产品景区节点的规划

定制旅游产品生产商选择景区节点时，旅游景区的资源品位高、环境氛围好、游览设施齐全、可进入性好、安全保障强等是必备条件，同时还应充分考虑旅游者的审美趣味和消费心理，需尊重旅游者的身心规律。定制旅游产品生产商需了解景区的特殊性，避免旅游产品中景区的雷同，还需了解景区的各种限制，如有些景区有开放时间的限制、人数的限制、交通的限制、交通工具的限制、季节性的限制、受到自然或人为破坏关闭维修、例行性保养维修、必须事先预订等限制，都会影响旅游产品行程的安排。

（1）景区节点选择的原则。

① 数量适中。同类旅游资源中只宜选择最具代表性的某一资源，以减少成本，避免旅游者审美疲劳。

② 深度适当。景区风格宜雅俗共赏，视觉效果好，内容丰富鲜活，易于体验和感受。景区如果内容过于集中且专业性太强的话，会使大多数旅游者失去游览的兴趣。

③ 选择该景区的最佳观赏时间。各个景区尤其是自然风景区因自身的构景特征不同而各有其最佳观赏时间，旅游者若能在最佳观景时间游览，能大大提升游览价值。

④ 充分考虑交通的顺畅性，避免走回头路：这样既可以节省路途中的时间，又可以使旅游者欣赏到旅途中多彩的风景。

⑤ 景区游览节奏应动静结合，松弛有度，避免旅游者过度劳累。

（2）定制旅游产品景区节点规划要考虑景区吸引力、知名度、景区服务质量、景区地理位置、景区游览时间、景区内部游览线路安排、景区游览顺序等，其规划的具体步骤如下。

① 了解旅游者需求，做出专业判断。了解旅游者的需求和其对景区节点的认知，以及城市节点、旅游天数、预算、旅游团队人员组成、最多和最少人数，预计出发的日期，做出景区节点之间的衔接、景区内部游览线路安排、景区游览顺序安排等专业判断。

② 确认主要餐饮住宿节点和可能停留的临时节点。

③ 利用地图规划景区节点的布局。

④ 确定景区节点游览的顺序。确定旅游产品行程中每天要前往的景区，按当天住宿节点位置沿线安排各景区的顺序，早上应该先前往哪个景区，中午适合的用餐地点或餐厅，以及下午的景区顺序，在安排顺序时应仔细参考地图确认每个景区的地理位置，要确保行程路线的顺畅。除此之外，景区顺序的安排还要考虑以下因素。

a. 景区的营业时间与休假日期。

b. 景区内的重要表演时间。

c. 自然风光类景区在特殊时段的特色景观。

d. 气温与气候情况。

e. 避开景区人流高峰。"旅游专业人员应当研究其开发项目对环境和自然状况的影响"这是《全球旅游伦理规范》确定的一项基本原则。景区节点的选择，还应充分考虑景区的最大承载量，要错开景区的游览高峰，注重保护环境。同时，还要考虑景区游览的最佳季节，帮助旅游者获取最佳的感受。

3. 定制旅游产品餐饮、住宿节点的规划

定制旅游产品生产商安排餐饮的原则是：卫生、新鲜、味美、量足、价廉、营养、荤素搭配合理。安排餐饮时还应考虑餐饮点的地理位置和开放时间，与当日游览点的距离，以及交通的便利性。还应本着合理而可能的原则，满足旅游者对美食的需求。可以考虑安排当地风味特色餐饮，例如，以民俗风情、土特产、农家菜为特点的餐饮，也可以安排建筑风格独特，以及用餐礼仪和饮食文化具有观赏性的餐厅。在安排团队餐的时候，还应考虑特殊旅游者的特别要求，不能千篇一律。应充分了解旅游者的饮食禁忌。

在安排餐厅时，应注意以下问题：在安排一般餐厅时应了解该餐厅是否曾经获得过该国家或地区的餐食奖项，优先选择可以欣赏景观的餐厅，关注餐厅装潢与设计，了解餐厅停车是否方便，了解餐厅的容纳量和卫生条件。

在安排景点餐厅时，应考虑景点餐厅的建筑特色、是否适合观景、餐厅与外部交通的连接、餐厅提供餐食的性价比等。在安排秀场餐厅时，应注意此类餐厅的价格会偏贵，需要了解其价格构成、表演节目是否健康、用餐方式、主食菜色与副餐或饮料等。

一般而言，大多数的早餐会安排在旅游者所住饭店的餐厅，所以必须了解餐厅的硬件设施与景观、开放时间、团队处理模式与容纳量。餐厅的硬件设施与摆设会影响用餐感受；而餐厅的开放时间如果无法配合行程的安排，就要为旅游者准备餐盒；国外的部分饭店会将散客和团队客人分开服务，需要提前和餐厅预订客人用餐的时间和桌位；餐厅如果容纳量有限，还需要说服旅游者分批用餐；对于早餐餐食的内容也需了解，以便对旅游者进行说明。

定制旅游产品生产商安排旅游住宿的原则通常是根据旅游者的消费水平来确定的，对普通旅游者而言，就是安全、卫生整洁、经济实惠、服务周到、美观舒适、位置便利。应尽量避免在住宿条件差的地区停留过夜，如果一定要安排住宿条件差的饭店，应向旅游者事先说明。

饭店的地理位置会影响饭店价格、旅游时间、行程顺畅度与旅游产品的价值等，因此非常重要，定制旅游产品生产商必须深入了解。同等级的饭店，在主要观光城市市中心的饭店会比在郊区的饭店贵，但是可以节省进出城市的车程时间，提升旅游顺畅度。所选用的饭店地理位置必须配合旅游产品的行进路线与景区的相关位置，决定饭店地点后再选用餐厅，避免为了用餐而增加太多不必要的车程时间。

定制旅游产品生产商须事先了解饭店的设施，以便运用在不同住宿需要的旅游产品之中。如房间设施、饭店康乐设施及周边配套设施，饭店的特殊设施需要重点了解，如是否有大型宴会厅，是否配套高尔夫球场、健身房、游泳池、保险箱等。饭店的房型和床型若有特异之处，也需向旅游者做事先说明。对饭店在特殊季节是否会关闭，或者部分设施在特殊季节是否会关闭，也需要事先向旅游者说明。定制旅游产品生产商还应注意，不应采用地下室房间或半地下室房间。尽量不采用阁楼房和无窗房。不要采用周边有噪音或刚刚装修好还有气味的房间。在同一饭店，若有主副楼之分，应根据团队住宿标准来分配主副楼客房。采用的饭店及周边环境，应便于用餐、购物、娱乐及旅游行程安排。

在安排餐饮住宿节点时，为考虑行程的顺畅，应尽量临近旅游景区节点或者顺路。定制旅游产品生产商必须收集景区节点附近的餐厅与饭店的资讯，确认餐食的品质、价格与用餐环境是否能满足旅游者的要求，饭店方面要考虑设施、价格、特色与等级，同时必须确认接待人数的容纳量，不宜安排规模小的简陋饭店。餐饮住宿节点的规划要结合行程安排的需要，住宿节点需要尽早确认其所处的区域，以便确定行程的编排顺序。

4. 定制旅游产品交通集散节点的规划

旅游交通集散节点主要是指旅游交通系统中方便旅游者集散的网络节点，包括大型机场、火车站、客运码头等，也包含旅游交通路线中的各个停留点。

交通集散节点的规划应确保旅游者"进出方便，来去自由，集散随意"。以航空交通的组合为例。要了解航点是直飞或转机、一家航空公司或多家航空公司、单一航空或多家竞争。一般而言，直飞的线路操作风险较小，转机的线路风险较直飞大，而且转机点越多，其风险就越大。在成本、机位取得或目的地特殊等种种因素的考量下，在必须使用转机的方式的情况下，最好使用同一家航空公司或是可以代码共享的航空公司转机，这样行李可以直挂。尽可能用同一机场转机，若为不同机场，转机时间要充足。全世界的机场都有转机时间的相关限制规定。旅游产品大交通的航线，需要确定有哪些航空公司在飞，是只有单一航空公司或多家航空公司参与竞争。单一航空公司在飞时，竞争者少，取得机位的困难度较大。多家竞争时，可以降低成本，机位供应量较大，选择余地较大。航班时间应选择最适宜出行时段，例如，下飞机后还有游览的时间，可以提高体验度。航班的连续飞行时间如过长，尤其是中南美洲、欧洲多国或非洲多国的游程，因为飞行时间都比较长，要选择较大的枢纽港口转机，可选择余地才大。

陆路交通路线停留点的选择要考虑交通工具和道路条件，要充分了解道路条件，不能仅以标有公里数的地图当作参考，不可忽略当地的路况与海拔高度差异。除此之外，还必须注意当地的相关限制规定，如最高车速限制、司机工时限制、停车限制、旅游客车大小限制、旅游客车可以上高速的时间等。最高车速限制是必须要了解的基本信息，由各种道路的最高时速限制可以推算出该路程所需的行车时间。在安全的考量下，行车时间不可以超过当地司机的限制工时。许多景区都有停车限制，要考虑因此花费的时间或成本。陆路交通路线停留点的选择要能够实现"游长旅短""游旅结合""舒适便捷"的目的。

交通集散节点在旅游产品行程编制中非常重要，因为草率规划交通路线将容易造成旅行时间的浪费，而且增加成本，增加旅游者的劳累感。交通集散节点的规划，主要决定因素是交通工具的选择和交通路线的安排。

一般而言，交通工具的选择要考虑两地之间的直线距离。一般情况下，直线距离在250千米以内的短途旅游，汽车是主要的交通手段，火车为辅助；直线距离在1 000千米以上的远距离旅游，飞机是主要的交通方式，火车为辅助；对于250~500千米中等距离的出游，火车为主要交通方式，汽车为辅助；对于500~1 000千米中长距离的出游，火车为主要交通方式，飞机为辅助；一些沿海、沿江的旅游目的地还开辟有轮船交通。但是，交通工具的选择又并不一定取决于两地之间直线距离的长短，还受制于地理环境、安全保障、旅游者的时间和费用的预算、出游乐趣、出行效率等因素。

从安全的角度考虑，飞机优于火车，火车优于旅游客车。旅游者的出行时间如果充裕的话，可选择火车、汽车、轮船等交通工具，而不必选择飞机。

这不仅从经济上考虑，而且可以丰富旅行生活，增加沿途的观赏内容。由于不同交通工具之间的价格差异较大，所以定制旅游产品生产商在选择交通工具时要考虑旅游者旅游费用的预算，一般而言，飞机、汽车较贵，火车与轮船较便宜，如果是长途旅行，也可以互相搭配、交替使用不同的交通工具；出游的乐趣包括享受旅游目的地富有特色的交通工具，沿着特定的交通路线一路赏景。出游效率方面，一般人认为飞机比火车要快捷，但是如果旅游者出发的城市交通拥堵，从市区去机场的时间较长，加之旅游旺季航班延误，坐飞机也许还不如坐高铁快捷。因此，定制旅游产品生产商在选择交通工具的时候，应该综合考虑各种因素。

定制旅游产品节点规划是一种既需要理性分析，又需要发挥艺术想象力的过程。它融合了计划和创新，旨在为旅游者提供一次难忘的旅行体验。例如，节点规划时考虑游憩场景和氛围的营造，再如，在节点规划时剔除陈旧的元素、纳入创新的体验，理解旅游者的个人偏好和需求，以便设计出符合他们期待的旅程，这些都是节点规划艺术性的呈现。定制旅游产品景区节点规划的艺术性体现在突出主题体验元素。景区节点给旅游者提供的价值有自然景观价值、历史人文价值、主题体验价值。一般而言，自然景观价值更容易被旅游者感知，而历史人文价值的感知会受制于旅游者自身的文化修养，主题体验价值是旅游者价值体验中提升空间最大的，也是定制旅游产品生产商在景区节点规划方面功力的体现。一方面，景区节点规划中要考虑景区历史人文价值呈现的内容和形式，是否易于被旅游者感知和传播、分享；另一方面，景区节点规划要考虑与定制旅游产品主题的呼应，以提升旅游者的主题体验价值。定制旅游产品餐饮、住宿节点规划的艺术性则体现为其赋予旅游者的主题体验价值和审美意蕴。例如，南京市网红美食点主要集中在鼓楼区、建邺区、秦淮区、江宁区，包括新街口—大行宫片区、鼓楼广场—玄武湖片区、龙江片区、山西路—湖南路片区、河西奥体中心片区。这些片区还分布着南京的标志性旅游景区，如夫子庙、中山陵、老门东、总统府、玄武湖、明孝陵。定制旅游产品生产商可以将坐落在知名景区附近的网红美食店作为餐饮节点，结合旅游者对南京市的认知意象和景区偏好，将网红美食店纳入定制旅游产品中。定制旅游产品生产商规划住宿节点的艺术性体现为选择文化主题酒店或者当地特色民宿作为旅游者体验当地生活的重要场所，住宿场所的外部建筑风格、室内陈设应体现当地原汁原味的文化特色。在旅游者在入住之后，可以当地的非物质文化遗产体验活动，使旅游者能够更加深入地了解当地的文化。定制旅游产品生产商规划交通集散节点的艺术性体现为，交通集散节点应考虑与定制旅游产品的主题相吻合，从旅游道路的走向、旅游工具的选择和旅游设施的构造上都要与定制旅游产品的主题相呼应，营造一致的旅游体验氛围。

注重定制旅游产品的舒适性和安全性，要关注定制旅游产品的构成要素之间，存在相互依存、相互制约、彼此关联、互相呼应的关系。例如，航空交通的组合、航班时间和航空公司偏好、航点的选择均会影响饭店和餐饮的安排；饭店的组合，饭店的位置、级别、房型、价格，会影响餐厅、景区的安排；景区的组合，景区的位置、级别、知名度、类型、游览时间，会影响饭店、餐饮、交通的安排，也会影响到旅游目的地的选择，以及旅游天数的安排。定制旅游产品生产商需要重视定制旅游产品要素衔接的完整性。定制旅游产品要素衔接主要包括城市节点之间的衔接，旅游目的地游览的次序，主要景区之间的衔接，交通的接驳，餐饮住宿的安排和衔接等。要素衔接要考虑时间的组合，时间组合是旅游长短、强弱节奏的组合；也要考虑空间移动的组合，空间组合是景区地域密度上的组合。值得注意的是，定制旅游产品行程编排的顺畅性，其有效施行建立在这样几个基础上：熟练掌握航空公司航线、票价及旅游目的地情况，熟悉旅游目的地（或各地）旅游供应商的接待能力、价格及与之相关城市间的交通连接。

注重定制旅游产品的舒适性和安全性，还要注意行程时间的分配要科学、合理。定制旅游产品的时间分为：定制旅游产品开始时间、结束时间的时间点；在各类节点停留的时间——如景区游览时间、住宿时间、用餐时间等；在各类节点之间转移的时间——交通时间；定制旅游产品行程持续的时间——时间段。定制旅游产品中，合理的时间分配，可以减少相应的成本，获取更大的收益。重要节点停留时间的设计要点如下。

1. 交通时间的估算

定制旅游产品生产商必须熟悉各地景区与交通线路，要清楚地知道当中单个景区如何抵达，单个景区距离出发地的远近、地理位置、交通条件等，要注意交通路线是单向、双向还是环状，尽量避免来回奔波，而且要大致估算出每段交通线路上需要的时间，以方便后续的游览安排。

2. 景区节点停留时间的估算

景区节点停留时间要包含预计的抵达时间与离开时间，定制旅游产品生产商设计产品的时候要注意到每个景区间的距离。在设计景区停留时间前，要充分了解景区的资源特色与参观方式，因为每个景区的面积和规模、参观线路、吸引力及特色都有所不同，都会影响停留时间。定制旅游产品重视深度体验，因此景区游览的时间一般安排得比较充裕。景区节点停留时间受到以下因素的影响：景区资源的丰富性、景区内的体验活动内容、景区游览线路与方式、旅游者的偏好。

旅游行程持续几天，也就是定制旅游产品的时间段设计，关系到旅游者时间、体力上及经费预算的支出，需要慎重对待。研究表明，旅游者在旅游目的地停留时间与需求方（旅游者）和供应方（旅游目的地及旅行社、旅游供应商）有关，其影响因素很复杂。旅游者的闲暇时间、出行目的、年龄、性别、收入、体力、家庭状况、是否重游、旅游目的地的旅游设施和目的地形象、定制旅游产品的吸引力、旅游供应商的产品吸引力都会影响到定制旅游产品的时间段设计。

（二）定制旅游产品体验活动设计

所谓旅游体验，主要指旅游者的体验，而非旅游相关者的体验。从过程的层面来看，旅游体验是复杂的情感过程，旅游体验过程既包括旅游者在旅游活动中的"直接观察或参与""观赏、交往、模仿和消费""寻找"等实际的身体力行的实践过程，也包括旅游者并未付诸具体行动的想象与憧憬行为。从结果的层面来看，旅游者投入大量的财力和时间参与旅游活动是为了换取一次圆满的旅游经历和深刻的内心感受，以实现精神世界的满足与升华。旅游体验实际上是旅游者在旅游活动中由感动到心动的身心感受和体悟过程，既包括对旅游活动的参与过程，也包括这一参与过程的结果。当然，由于旅游者个人的经历、经验、身份、地位、兴趣、爱好及受教育程度等的不同，旅游体验的层次、强弱等均会有所差异，从而使得旅游体验呈现出多样性和丰富性。

旅游体验具有主观性、情感性、参与性、延续性等特点。旅游体验是一种主观判断，与旅游者个体特质紧密相关；旅游者的情感调动有利于提升体验质量；对旅游者而言，只有积极参与旅游体验活动，悉心解读与品味旅游对象所展示和传递的文化底蕴，才能获得与自然、文化相融合的审美感受和情感体验；旅游体验的自我感知及与旅游目的地文化的交流融合，都具有延续性，既对旅游者个人未来的生活与学习产生一定的影响，也为下次的旅游决策、感受和评价奠定了基础。因此旅游体验活动的设计直接影响定制旅游产品的质量。

注重定制旅游产品体验活动设计的艺术性和舒适性、安全性，须关注以下要点。

1. 旅游体验活动主题化

旅游体验活动的设计必须以旅游者的异质需求为出发点，遵循定制旅游产品的主题性原则和差异性原则，强化自身特色，塑造独特的旅游吸引力，营造独有的体验环境与体验氛围。定制旅游产品生产商需要熟悉定制旅游产品的旅游目的地，掌握知名景点，挖掘地域文脉，在定制旅游产品中凸显区域文化的独特脉搏，并组合和搭配知名度高的人文景点、自然景观小众景点，最大限度地展现自然之美、发挥历史人文元素和主题体验元素带来的特殊价值。

2. 旅游体验活动的可参与性设计

互动是旅游者推进旅游体验的灵魂。旅游体验活动开发的重心在于体验、主题、真实的场景与旅游者的相关性。一方面，只有赋予体验活动真实的场景，才能激活旅游者的主动性，引发其内心的热烈反响，从而使其积极参与到体验活动中；另一方面，只有相关性大的产品才会使旅游者得到强烈的情感体验。以文旅融合类体验式活动设计为例，旅游者对文旅融合类活动的参与方式主要有文化解读式参与和文化体验式参与两种。文化解读式参与即旅游者通过对旅游体验对象外在形式及其文化蕴涵的认知、体会和领悟，进而将自然与社会、历史与现实、主体与客体相互融合，使自身在获得美的享受的同时，拓展认知、陶冶情操、净化心灵和升华境界。例如，旅游者游览名山大川，畅想古今未来。文化体验式参与即旅游者通过亲身参与旅游地的民族与民俗文化活动、融入当地居民的日常生活等方式体验和领悟旅游地民族文化的精髓。例如，成都杜甫草堂的诗圣文化节通过举行"草堂唱和"诗歌朗诵会、诗圣生活体验、蹴鞠体验、古代投壶体验、灯谜竞猜等民俗活动，将成都民俗文化形象全方位、动态化地展现给国内外旅游者，深受旅游者的欢迎。

3. 旅游体验活动对五感的调动

旅游者在进行旅游体验时，调动的嗅觉、听觉、触觉等五感越丰富，就越容易获得峰值体验。五感的调动源于体验的差异性和审美愉悦，定制旅游产品生产商应营造出与旅游者日常生活经验迥异的体验场景，并设置若干个触发点。为提升旅游者的峰值体验，定制旅游产品生产商在选择活动场所时，应关注体验式活动场所的设施、氛围，景观设计及文化展示的视觉元素。同时，定制旅游产品生产商可以考虑拓展单一旅游产品构成要素的内容，活化其要素呈现的形式，调动旅游者的感官。比如，非物质文化遗产体验，非物质文化遗产指各国各族人民世代相承的、与群众生活密切相关的各种传统文化表现形式（如民俗活动、表演艺术、传统知识和技能及与之相关的器具、实物、手工制品等）和文化空间，有世界级、国家级、地方级保护级别。定制旅游产品生产商可以将非物质文化遗产体验巧妙融入旅游行程，成为体验式旅游活动。例如，去藏区体验做藏香、木碗、弩弓、纺毛线、织布；去丽江学习东巴文字等，都是令人印象深刻的体验项目。

4. 强化旅游体验活动的延续性功能

定制旅游产品生产商应关注旅游者的感受，提高服务品质，转换传统思路，在服务中融入更多体验成分，提倡品质服务与人性化的服务。服务品质的提高与拓展不仅能够加大旅游者对旅游体验活动过程的感知，而且能够延续产品使用后的回味。

定制旅游产品的修正和完善是一个持续的、迭代的过程。定制旅游产品生产商应积极收集目标用户、合作伙伴和技术团队的反馈，找出产品可能存在的问题和需要改进的地方。定制旅游产品生产商应组织专业团队或者委托第三方，定期对定制旅游产品进行全面的审核和评估，包括产品的质量、服务、成本效益和市场份额等方面，以确定整改方案。任何对定制旅游产品的修改和改进都应经过适当的测试，以确保这些改进能带来预期效果。定制旅游产品每一次的修改和完善都会为未来的改进提供启示，因此定制旅游产品生产商应持续关注市场趋势，进行同业分析，以识别新的途径和机会。

（三）归类分析定制旅游产品行程说明书撰写存在的问题，并提出整改方案

定制旅游产品说明书是旅游者了解旅游产品的重要媒介。旅游产品是无形的产品，且产品生产和消费的过程是同步的。定制旅游产品说明书须说明产品所能赋予旅游者的核心利益和体验价值，以利于保障旅游者的权益、增强旅游者的购买信心。

1. 定制旅游产品说明书制订的原则

归类分析定制旅游产品行程说明书撰写存在的问题，并提出整改方案，须明确定制旅游产品说明书制订的原则，结合《旅游法》、旅游行业标准《包价旅游产品说明书编制规范》（LB/T 072—2019），定制旅游产品说明书写作需遵守以下原则。

（1）诚信和规范原则。

定制旅游产品说明书和旅游行程单的编制内容应合法合规，应使用合法合规来源的图，不应侵犯他人知识产权。旅游行程单是旅游者旅行的指南，也是定制旅游产品说明书的重要内容。《旅游法》第五十九条规定，旅行社应当在旅游行程开始前向旅游者提供旅游行程单。旅游行程单是包价旅游合同的组成部分；因此，旅游行程单的制订务必符合法律法规的要求，须说明旅游行程的出发地、途经地和目的地；旅游行程中交通、住宿、餐饮服务安排及其标准；统一安排的游览项目的具体内容及时间；旅游者自由活动的时间和次数。

（2）客观真实原则。

定制旅游产品说明书对旅游产品形象的表达要恰如其分，应客观、全面说明旅游产品的内容。定制旅游产品说明书应真实表述旅游行程中涉及的交通、住宿、餐饮、游览、娱乐、购物等具体标准和安排；用语应严谨规范，避免歧义和误导，不做虚假、夸大或模糊表述；推荐介绍具有特色的旅游项目，应考虑可能无法实现的情况。对涉危项目的说明应遵循项目供应方的要求。

（3）有形化原则。

旅游产品是属于亲身体验的产品，旅游者尚未体验就要付出全额费用。因此制作定制旅游产品说明书时，必须将旅游产品有形化。其重点在于对所有包含内容要有具体的描述。值得注意的是，行程衔接信息也要作说明，主要包括主要景点之间的衔接信息、景点游览时间、景点游览方式等。

（4）吸引力原则。

定制旅游产品说明书是面向旅游者推介旅游体验的载体，要善于为旅游者制造美好梦境，激发其出游的兴致。因此，对旅游产品价值与特色的描述要加强。在文案写作方面，图文并茂，文字优美洗练，尤其是对旅游目的地和旅游景区的描述，要呈现出鲜明的形象和独特的吸引力。

2. 定制旅游产品说明书的内容与制订要点

归类分析定制旅游产品行程说明书撰写存在的问题，并提出整改方案，还须明确定制旅游产品说明书的内容及制订要点，结合《旅游法》、旅游行业标准《包价旅游产品说明书编制规范》（LB/T 072—2019），定制旅游产品说明书的内容及制订要点如下。

（1）产品名称。

① 定制旅游产品的名称应与旅游合同中注明的旅游产品名称保持一致。定制旅游产品的名称，可以考虑包含以下内容："旅游目的地国家或地区名称＋行程天数＋必要的产品特色描述"进行表述。

② 定制旅游产品名称中包含的旅游目的地国家或地区的名称应当规范、准确，宜使用国家或地区的全称，使用简称时应避免引起误解和歧义。旅游行程天数应按自然日计算，包括旅游者搭乘交通工具的时间，不足24小时的以一日计。标明交通工具的文字，包括首道交通工具或者往返交通工具的文字，如"双飞""双卧"等。定制旅游产品名称中不得使用不确定性用语，如标注五星却并非全程挂牌五星的酒店；不得使用他人已经取得注册商标的名称用语。

③ 定制旅游产品名称中产品特色描述可以采用以下方法来提炼：例如，根据旅游资源类型来描述，"非遗之旅""古建筑园林之旅"等；还可以根据目的地特色来描述，"老绍兴、最江南"；还可以根据特色活动主题来命名，"旅拍""摄影""寻古访幽"等。

④ 定制旅游产品名称可以运用主标题与副标题，主标题说明旅游目的地、旅游吸引物及行程天数，关键信息一目了然，副标题则以营造旅游场景氛围的抒情文字为主，例如，在中青旅遨游网上的一个旅游产品的副标题"重返侏罗纪，夜宿博物馆，与恐龙做邻居"，画面涌入脑海，场景栩栩如生。

（2）行程特色。

定制旅游产品说明书应真实、客观、简洁地介绍该产品的行程特色，同时，对旅游行程的特色描述在产品落地时可以实现。定制旅游产品的行程特色描述可以从以下几方面展开。

① 旅游目的地的形象定位和特色资源。旅行策划人员要根据旅游者的需求，对旅游目的地形象定位进行主题化呈现，对特色旅游资源进行筛选和组

合。还可根据目标市场和产品主题采用不同的叙事风格，或端庄，或淡雅，或厚重，或文艺，或幽默。

② 旅游景区的特色和内涵。可突出旅游景区的历史文化、视觉效果、核心景观介绍、特色服务设施、体验活动项目，用语言简意赅，形象生动。要体现景区特质与旅游者需求的对应，如对于年轻游客，可以体现景区新潮时尚的元素，对于中年知识分子，可以体现景区古雅大气、内涵深厚的特点。

③ 旅游餐饮和住宿、交通、娱乐的特色。适合用罗列的方式，逐项描述其吸引力和亮点。

④ 旅游产品设计方面的特色。体现要素组合与衔接的特点、行程安排的特点、旅游服务设计方面的特点。例如，某加拿大旅游产品的旅游服务特色是这样表述的：全程于酒店内享用丰盛早餐，轻松从容出游，有更多的观光时间；安排专人将行李送至房间，旅游者自己不用提行李挤电梯；酒店都位于主要游览城镇或景区附近，减少不必要的舟车往返；选派经验丰富的领队随团服务；航空组合便捷通达，节省交通时间，航班舒适。

（3）旅游行程单。

① 基本要求。

旅游行程单必须包含以下内容：旅游行程的出发地、途经地和目的地；旅游行程中交通、住宿、餐饮服务安排及其标准；旅行社统一安排的游览、娱乐项目的具体内容及时间；旅游者自由活动的时间和次数。

旅游行程单中禁止下列违规用语：服务标准上使用不确定性用语，如"准 × 星级""相当于""× 星未挂牌""豪华""优秀导游（领队）服务""参考值 × 星级""当地 × 星""预备 × 星"和对照非星级酒店的"与 ×× 同级"的用语等；服务内容上使用不确定性用语，如"以 ×× 为准""仅供参考""全包价""半包价""送保险""含（赠送）旅游意外险""含（赠送）旅行社责任险"，以及将"机场建设费"和"燃油附加费"简称为"税费"等。

旅游行程单中应当标明"注意事项"，就证件、住房、退费、门票优惠、保险及安全告知等事项作出简要说明提示。以上"注意事项"，连同旅游行程单中对旅游者发放的安全告知，应当从文字上完整地履行旅行社等企业为保证旅行安全顺利而应尽的告知义务。

② 集合时间和地点。

a. 集合时间。应写明集合日期及具体时间，并充分考虑行李托运、安全检查、海关检查、边防检查、检验检疫等因素对乘坐交通工具时间的影响。如航班、车、船出发时间为凌晨，而集合时间为前一天夜晚的，应以适当方式进行特别提示。集合时间应以 24 小时制表示等。

b. 集合地点。应以方便旅游者识别的方式写明，如写明机场、火车站等某处有明显标志性建筑物的地点。不宜以临时性的建筑物、构筑物作为集合地点。在机场、车站、港口集合的，应写明具体的航站楼或具体入口；同一城市有两个以上机场、车站、港口的，应特别说明和提醒。

c. 结束时间和地点。应写明结束日期及时间，结束时间应以旅游者离开定制旅游产品生产商安排的最后一个交通工具计算。应写明结束地点，结束地点应选择方便疏散、便于旅游者接驳其自行安排的交通工具的场所，如机场大厅、火车站广场等。

③ 交通安排。

a. 交通安排应具体明确，应包括乘坐交通工具的起止时间和地点、交通工具的类型、舱位等级、交通工具上的服务项目等具体信息。乘坐的交通工具有中转、经停等情况的，应予说明。

b. 交通工具为飞机的，应标注航空公司规范中文简称和规范英文代码；对航班机型等不确定因素应谨慎承诺。

c. 交通工具起止时间，应以 24 小时制标注，涉及时差的，出发时间应为出发地的当地时间，到达时间应为到达目的地的当地时间；如涉及日期增减的，应在相应时间后标注，如"14：00＋1 天"（表示目的地时间为下午 2 点，但比出发地的时间早一天）。

d. 宜将交通工具上是否提供餐饮的情况进行说明和提醒。应对经济型航班不提供餐饮等服务的特殊事宜进行说明。宜将交通工具运行时间在旅游行程单中进行说明和提示。

e. 旅游目的地国家或地区法律对司机工作时间有限制的，或出于环保考虑，旅游车辆停驶期间需要关闭空调的，相应情况均应在定制旅游产品说明书中对旅游者进行提示。

④ 住宿安排。

a. 宜将住宿场所的地址、特色等，在旅游行程单中进行规范描述和介绍。应写明住宿场所名称或官方评定等级。以官方评定等级表述的，应有有效证据证明；住宿场所等级为非官方评定的，应对评定机构进行特别说明，如 ×× 协会 / ×× 同业公会 / ×× 网站等评定，并应有有效证据证明。

b. 宜将住宿场所的具体位置、距市中心及车站、机场、港口或行程中主要观光游览地点的距离注明。宜通过图片、网页链接等形式，将住宿场所的具体信息向旅游者进行直观展示。应将住宿场所是否提供免费早餐及入住、退房时间等重要信息在旅游行程单中说明。

⑤ 用餐安排。

a. 用餐安排的描述宜包括餐饮服务单位的规范名称、等级标准、用餐标准、用餐特色等。

旅行策划（高级） <<<<<<<<<<

b. 餐饮服务单位的名称宜使用规范全称，可使用通用字号，应注明就餐场所的具体地址。

c. 就餐标准应全面具体；应体现人均餐费标准。桌餐应注明每桌就餐人数及餐饮数量或品类。

⑥ 游览安排。

a. 应将每日游览内容进行具体、详细表述，包括但不限于：游览景区（点）的名称、游览日期、游览时间

b. 宜对景区（点）的特点进行介绍。对行程中各景区（点）的表述应确保可实现，不应将日出日落、海水潮汐、极光星象、动物迁徙等不可控因素作为旅游景点的确定表述。

c. 应注明游览景区（点）的规范名称，并应详细说明游览的区域、范围。

d. 以车览、外观、远眺方式进行景区（点）游览，不入内参观的，应予以说明。景区（点）游览的时间应以"不少于×小时（分钟）"方式加以说明。

e. 应将游览过程中自由活动期间进行说明和告知，宜注明自由活动的时长、集合时间和地点。

f. 宜对自由活动期间旅游者可自行选择游览或参加的旅游项目进行适当提示和说明，但不宜在自由活动期间向旅游者推荐高风险项目。

⑦ 娱乐活动。

a. 旅游行程中列示的娱乐活动应健康、文明，符合我国和旅游目的地法律规范和公序良俗。

b. 应将娱乐项目的名称、内容、时间、活动场所等内容进行规范说明。应对需要旅游者参与其中的娱乐活动进行说明，并进行必要的提醒。

c. 娱乐活动应选择风险可控的项目。安排高风险项目的，应对参加高风险项目的注意事项、安全提示、风险后果、相关保险产品等进行详细说明和告知。

⑧ 旅游费用。

a. 应对旅游费用进行说明。费用说明一般应分为"旅游费用包含内容"与"旅游费用不包含内容"两部分。安排有导游提供服务的，应说明导游服务的费用；可采取每名旅游者每天费用标准，或每名旅游者全程导游服务费的标准进行标注。

b. 宜将旅游费用所包含的以下项目进行说明：导游、司机服务；餐饮安排；交通安排；景区（点）门票；住宿安排；娱乐项目；签证、签注服务等。

c. 宜将以下不包含的费用项目进行说明：人身意外伤害等保险费用，并应书面建议旅游者购买；需要自行办理旅游证件的费用，如护照、通行证等；

单间价差及加床费用；合同约定的另行付费旅游项目费用；自行安排活动期间产生的费用；旅游过程中发生的旅游者个人费用；合同及说明书未约定由定制旅游产品生产商支付的其他费用。

⑨ 旅游注意事项。

A. 行前准备说明。

a. 说明书中应对行前应注意和准备的事项进行说明。应提醒旅游者在出发前准备好相关旅游证件、票证，并在旅游过程中随身携带。应将旅游目的地天气、治安、货币兑换、时差、通信费用标准等信息向旅游者进行告知和说明。应提醒非出发地城市居民的旅游者提前到达出发城市。

b. 出境旅游的，应在说明书中对安检、边检、海关、检验检疫等出入境手续向旅游者进行说明。对外籍或港澳台旅游者参加出境旅游团队的，应在说明书中提示自查证件有效期，并确保其证件可再次进出境。出境旅游回程后，如部分国家或地区的签证或签注须销签的，应在说明书中告知此信息，并提醒旅游者合理安排回程后的旅行证件使用。

c. 应根据具体的旅游产品特色，提醒旅游者购买相应保险。根据产品具体情况需要提示的其他信息，如旅游活动中对着装有要求的，应在产品说明书中提醒旅游者提前准备。

B. 旅游安全提示。

a. 应以独立章节提醒旅游者在旅游过程中注意人身、财产安全。应提示旅游者遵守当地法律法规，宜将旅游目的地与旅游活动相关法律规定做具体说明。应提示旅游者确保个人健康状况、年龄状况适宜参加旅游行程的各项活动；慎重选择水上、水下、高空、高速等高风险活动。

b. 应提示旅游者妥善保管旅行证件及贵重物品。

c. 说明书中应注明常用的报警、急救等联系电话，以及定制旅游产品生产商的紧急联系人和联系方式。

d. 应提示旅游者在旅游过程中保持联系电话畅通，并随身携带定制旅游产品生产商紧急联系人的联系方式。

e. 出境旅游的，应提示旅游者完整填写并随身携带游客安全信息卡。出境包价旅游产品说明书中，应注明中国驻旅游目的地的使领馆或联络机构的联系方式。

C. 文明旅游提示。

应载明中国公民文明旅游提示内容。应将旅游目的地与本次旅游相关的风俗习惯、礼仪禁忌等向旅游者进行告知和说明。可增加与旅游者文明旅游相关的法律法规条文。

定制旅游产品生产商应注意，旅行策划人员在撰写定制旅游产品行程说明书时，可能存在以下问题。

● 缺乏清晰的结构和逻辑。有些定制旅游产品说明书在阐述行程信息时可能缺乏清晰的结构和逻辑，导致旅游者难以理解行程的安排。

● 信息不充分或不准确。有些定制旅游产品说明书可能遗漏了重要的信息，如行程中的关键景点、体验活动或注意事项。或者提供的信息不准确，如提供了错误的营业时间、门票价格信息等，从而降低了旅游者对定制旅游产品生产商的信任。

● 行程描述过于模糊。有些定制旅游产品说明书可能过于笼统，没有提供足够的细节和描述，难以让旅游者准确地了解每个景点或活动的特色和亮点。

● 缺乏个性化和定制化。有些定制旅游产品说明书可能过于通用化，没有充分考虑到不同旅游者的需求和兴趣，导致缺乏个性化和定制化的体验。针对上述问题，定制旅游产品生产商可以提出以下整改方案。

● 结构和逻辑清晰。确保定制旅游产品说明书具有清晰的结构和逻辑，可以按照时间顺序或空间布局描述行程信息，使旅游者能够轻松理解行程安排。

● 提供准确和完整的信息。仔细核实和更新定制旅游产品说明书行程安排信息，确保包括所有重要的景点、活动和注意事项，并准确反映每个项目的细节和要求。

● 提供详细的描述。为每个景点或活动提供详细的描述，包括其特点、历史背景、建筑风格等，以便旅游者可以更好地了解产品信息并期待美好的旅程。

● 个性化和定制化体验。根据不同旅游者的需求和兴趣，提供定制化的行程选择和建议。

● 使用清晰简洁的语言。用语清晰简洁，避免使用复杂的词汇和过多的修饰语，方便旅游者阅读。

● 定期更新和反馈。定期审核和更新定制旅游产品说明书，收集旅游者的反馈意见并进行改进，以确保定制旅游产品说明书的适用性和准确性。

（四）进行定制旅游产品的定价，并从是否有利于市场竞争的角度适时提出价格调整方案

定制旅游产品的价格是连接产品供求关系的纽带，定制旅游产品价格不仅涉及定制旅游产品生产商的盈利与可持续发展，对资源配置的效率也有着重要影响，是定制旅游市场运行的指示器和调节器，具有综合性、复杂性、波动性等特点。产品价格的制定是交易双方博弈的过程。通过产品定价，定制旅游产品生产商努力要达到目标销售量、获取目标销售收入和市场占有率，而旅游者则试图使自己对利益的感知和货币价值最大化。

1. 定制旅游产品定价的重要性

由于旅游者有斟酌决定权，定制旅游产品的价格弹性较高。定制旅游产品定价非常重要，具体如下。

（1）提升定制旅游产品的竞争力。定制旅游产品由多种要素构成，因此，供应商价格的波动直接影响着定制旅游产品的定价。对有些供应商企业，如旅游景区，一年中的平均价格是比较稳定的，但对另外一些供应商企业，如经营定期航班的航空公司来说，价格可能随着管理者追求短期收入最大化而大幅度变动，定制旅游产品的价格也应随之调整。定价关系到定制旅游产品的竞争力，定制旅游产品定价直接关系到定制旅游产品生产商的产品定位和销售渠道的建设。定制旅游产品价格符合市场需要，有利于实现利润，降低产品的运营风险。

（2）维护市场良性竞争。制定合理的价格，能够促进市场主体之间的良性竞争。如果定制旅游产品价格过低，虽然能够快速占领市场，但会引发同行的降价行为，进而造成低价竞争，扰乱市场秩序。

2. 评估定制旅游产品价格的上限

定制旅游产品生产商须认真评估目标客户在一定时间内所能承受的价格上限。定制旅游产品目标客户对产品价格的认知，一方面决定于其对定制旅游产品价值的评判，另一方面，也受到市场上可与之比较的同类产品价格的影响，还受到定制旅游产品供求关系及产品成本波动的影响。定制旅游产品生产商在评估目标客户在一定时间内所能承受的价格上限时，可以从以下几个方面去考虑。

（1）定制旅游产品目标客户对产品价值的评判。

目标客户感受到的每单位货币获得的旅游产品权益越多，其对定制旅游产品的价值评价越大。目标客户会从质量和数量对定制旅游产品进行价值评判。

质量和数量是目标客户衡量定制旅游产品行程安排的尺度。数量因子的计算相对简单，例如，距离：旅游者的旅行距离是多少？时间：旅程将花多少时间？活动：旅游中有些什么活动？进行活动的频率是多少？质量则是由定制旅游产品旅行和住宿设施的等级决定。再如，选择头等舱的客户比选择经济舱的客户期望得到更高质量的产品；住五星级饭店的客户比住三星级饭店的客户期望得到更好的房间和服务。定制旅游产品供应商应通过产品售后满意度测评来了解目标客户对产品价值的评判。

总之，只有在产品满足客户的某些根本潜在需求时，它们对其才有价值；只有在旅游产品所具有的那些特征能满足这些潜在需求时，客户才能感知到定制旅游产品的价值。

（2）定制旅游产品目标客户对市场上可与之比较的同类产品价格的评判。

旅游产品的价格具有波动性和复杂性的特点，以航空服务为例，多种价格结构、服务条件和折扣使价格体系变得很复杂。不同的航空公司有时为相同的两个城市之间的相同服务会制定不同的票价，客户也习惯了货比三家。如果定制旅游产品生产商深入分析了旅游供应商价格的最新资料，才有可能为客户提供最优价格。

定制旅游产品是组合式旅游产品。目标客户对价格的评判，不只是评判单项产品的价格，他们更关心定制旅游产品的总价。旅游旺季的时候，即使某单项要素旅游产品打折，其他要素旅游产品也会涨价，因此把包含各类旅游供应商的价格加总后得到总费用，才是确定最佳费用和价值的方式。

定制旅游产品的旅游供应商会在特定时间和特定场景下提供价格折扣。但是这些折扣通常具有一定的条件或限制，如提前预订或购买，及时支付，产品未被使用也不退款，特定日期才能享受折扣，消费的最长时间或最短时间。目标客户会综合考虑这些价格折扣的价值，例如，某北方海岛的冬季旅游比夏季便宜一半，但是喜欢避寒的客户不会选择，而只是想去一个新鲜的地方逛逛的客户可能会选择。因此定制旅游产品生产商切忌只是以折扣低价来吸引目标客户。

值得注意的是，大多数客户并不了解定制旅游产品的隐性成本或者由于特别因素造成的价格提高，如旅游供应商的衍生服务和特需服务，天气变化或者意外事件造成的额外服务成本的增加等。定制旅游产品生产商对产品价格的解析和说明会直接影响客户的评判。因此须慎重决定价格解析的内容和形式。

定制旅游产品的价格决策必须根据目标客户对产品价格的预期和感知、支付能力和愿望制定。定制旅游产品生产商通过对目标客户的调研，既往产品价格制定和推行的经验，以及针对目标客户的有策略的价格解析和说明，并引导目标客户考虑淡旺季等影响成本的因素，可以了解目标客户在一定时间内所能承受的价格上限。这样做的意义在于，尽可能增加定制旅游产品的收益和尽可能减少收入漏损，收入漏损是由于为有能力且愿意支付更高价格的目标客户提供了低价而导致的。

3. 定制旅游产品的战略性价格和战术性价格

定制旅游产品生产商衡量产品的定价是否有利于市场竞争，须从产品的战略性价格和战术性价格两个方面展开，具体如下。

（1）定制旅游产品的战略性价格。

战略性价格是定制旅游产品生产商在生产产品之前数月就在各种传播渠

道上面公布的价格，也就是常规或公开价格，相当于饭店的门市价，或者是航空公司公开的票价结构。定制旅游产品战略性价格涉及产品定位、货币价值及定制旅游产品生产商的经营目标。战略性价格反映了定制旅游产品生产商的企业战略，如增长最大化或利润最大化；战略性价格在目标细分市场中传达定制旅游产品的定位和产品形象；战略性价格向目标客户传达对定制旅游产品质量、社会地位和价值的预期；战略性价格决定长期收入流动和投资回报。

战略性价格的预判取决于定制旅游产品生产商在目标市场选择方面的战略决策。进入高端市场的战略性价格和进入经济型市场的战略性价格迥然不同。在制定战略性价格时，如果只是成本导向推算而忽视了目标客户的真实消费意愿，会影响价格制定的科学性。战略性价格的制定适用于以目标客户为中心的需求导向定价法，定制旅游产品生产商需要做好企业经营目标预期、目标客户需求预判、目标客户所能承受的价格上限调研、超额预订或者预订不足预案等工作。

（2）定制旅游产品的战术性价格。

战术性价格是定制旅游产品生产商准备以周、日或小时为单位开展业务的价格，也就是折扣或者促销价格。这个价格随着定制旅游产品生产日期的临近根据当时的预订情况和预测而有所变动。战术性价格可以通过广告和公开发布而广为人知，也可能是需要严加保守的商业机密。定制旅游产品生产商作为产品资源整合的主体，连接着旅游者与旅游供应商，是定制旅游产业链的核心。定制旅游产品战术性定价牵涉面也因此更加广泛和复杂，不但涉及定制旅游行业的竞争、定制旅游产品生产商的劳务成本，也涉及定制旅游产品生产商与旅游供应商的讨价还价能力及旅游行业相关政策等。定制旅游产品作为服务产品不可能储存，而旅游市场的需求很容易因不可预见的安全和公共卫生事件而发生变动，当供给大于需求时，定制旅游产品生产商的固定经营成本使其不得不对易折损的旅游产品实行短期削价。

战术性价格的作用是用尽可能快捷的途径与竞争对手较量；战术性价格有利于推动初次购买者试用；战术性价格为危机管理提供一个短期工具；战术性价格决定短期现金流动。定制旅游产品的战术性价格更有现实的影响力。定制旅游产品需求会随着季节或其他因素而变动，因此战术性价格决策非常重要。定制旅游产品生产商要高度关注同业的近似产品的价格，而且要做出相应反应。

定制旅游产品战术性定价的方法如下。

① 成本导向定价法。成本导向定价法是指在定制旅游产品成本的基础上加上一定比例的利润来确定该旅游产品价格的方法。这种定价方法不考虑市场

需求方面的因素，不考量大环境的条件、销售数量或供需面的变化。成本导向定价法的关键是确定一个合理的成本利润率，而成本利润率的确定，必须考虑市场环境、行业性质等多种因素。大多数定制旅游产品生产商采用的都是行业平均的利润率。

② 需求导向定价法。需求导向定价法是以需求面的情况来考虑定价的方法，当需求高时，价格就高；而需求低时，价格则低。

需求导向定价法是以旅游者对于该旅游产品的价值认知为依据的，所以又被称为认知价值定价法。如果定制旅游产品生产商能深度挖掘并掌控旅游目的地的供给资源，设计制作出具有价值的定制旅游产品，提升在旅游者心中的价值认知，就可以使用需求导向定价法。

③ 竞争导向定价法。竞争导向定价法是以竞争对手的价格为依据，而不考虑成本与市场需求，也不运用定价公式核算价格的一种定价方法。定制旅游产品生产商根据竞争对手的价格，制定出高于、低于或相同的价格。常用的有通用价格定价法和投标定价法。通用价格定价法是最常用的竞争导向定价法。这种定价方法是定制旅游产品生产商根据竞争对手的价格，制定一个相同或相近的销售价格的方法。投标定价法是由采购方公开招标，供应商竞争投标的定价方法。招投标过程规范，当众开标，选择最佳报价供应商成交。当定制旅游产品生产商参与某单位客户投标竞争的生意时，不可能依照原本预期的利润目标来定价，而必须考虑竞标对手的价格。在投标过程中，定制旅游产品生产商不会低于自己的成本报价，但是，由于担心竞标失败，也不会制定过高的价格。因此，通常在成本之上加合理的期望利润报价。一般而言，竞标的生意很难有丰厚的利润，因此定制旅游产品生产商必须衡量参与的必要性。

4. 定制旅游产品的利润来源和风险成本

定制旅游产品生产商衡量产品的定价是否有利于市场竞争，还应挖掘定制旅游产品独有的利润来源，并分析其创利稳定性；同时，应预判定制旅游产品可能产生的风险成本。

（1）挖掘定制旅游产品独有的利润来源，并分析其创利稳定性。

定制旅游产品的利润获取和成本控制是相辅相成的。定制旅游产品的成本分两类：一类是产品构成要素的成本，如交通成本（含大交通和区域交通）、住宿成本、餐饮成本、景区门票成本、导游服务成本、必要杂费（含旅游活动必需物资及赠品、旅游手册等的支出费用）；另一类是体验活动和特色服务成本，如体验活动所需场地的成本、专家型或者其他类型服务人员的劳务成本、物料成本及其他机构提供相应服务的成本，又如旅游供应商提供的衍生服务和特需服务等特色服务成本。

　　定制旅游产品的利润来源也相应分为两类：一类是产品构成要素的差价及规模化量产之后产生的经济效益，如景区为招揽团队旅游者，往往会用较优惠的价格与定制旅游产品生产商结算，也会采用较为灵活的宣传费用补贴、赠票等方式补贴定制旅游产品生产商；饭店会以优惠价格与定制旅游产品生产商结算，还会根据定制旅游产品生产商的出团量给一些免费房间使用，饭店也会酌情给定制旅游产品生产商一些宣传费用补贴；餐厅会以优惠价格与定制旅游产品生产商结算，遇到重要团队时会增加水果赠送，帮助定制旅游产品增值；旅游客运公司给定制旅游产品生产商的车价，往往低于定制旅游产品生产商向旅游者报的车价。另一类是定制旅游产品体验活动和特色服务利润。这一类利润是定制旅游产品相对于预制旅游产品独有的利润。定制旅游产品生产商对旅游目的地资源的深度挖掘和把控，将决定其产品独有利润的多少及获利的稳定性。例如，为去欧洲旅游的旅游者定制旅游产品，如果能够采购到米其林餐厅、城堡酒店、特色民俗活动等优质资源，就可以产生丰厚的利润，且采购渠道越是稳定可靠，其获利越是稳定。再比如，可以通过当地的行业协会，为旅游者定制文化艺术交流、科技主题研讨活动，也是定制旅游产品的独有利润，而且与掌握这些活动资源的当地行业协会合作关系越稳定，其获利越是稳定。目前市场上已经有定制旅游产品生产商在旅游目的地开设服务机构，聘请当地人为旅游者提供专属服务。

　　定制旅游产品的蓬勃发展，标志着旅行行业从原来的中介、代理转变为专业服务业，而且是具备创意产业属性的专业服务业。定制旅游产品的独有利润也将是提供高附加值服务而产生的利润。

　　（2）预判定制旅游产品可能产生的风险成本。

　　定制旅游产品可能产生的风险主要分为以下几类。

　　① 定制旅游产品生产商工作人员操作失误造成的风险。

　　例如，出境签证操作失误、机票火车票大交通预订失误、导游服务失误，以及定制旅游产品包含违规项目以致被政府部门行政处罚等。

　　② 旅游供应商服务质量低下造成的风险。旅游供应商服务质量低下不仅影响旅游者体验，还会造成旅游者人身和财产方面单位安全隐患。定制旅游产品生产商应关注旅游供应商购买专项保险的情况。

　　③ 公共卫生事件、自然灾害等不可抗力造成的风险。不可抗力会导致定制旅游产品合同无法履行或者只能部分履行，会造成定制旅游产品生产商的损失。

　　预判定制旅游产品风险成本，有利于在定制旅游产品定价时留下风险应对的费用空间，该项成本预判需要综合考虑各类风险因素爆发的概率，并结合对目前市场上旅游保险产品的深入了解来做判断。有些风险可以用购买旅游保险的方式来防范，还需要评估旅游者愿意购买保险产品的概率，再来综合考量。而有些风险现有的旅游保险无法覆盖，只能由定制旅游产品生产商自身或者依靠行业力量来协调处理，需预判此类风险可能造成的损害类型、损害覆盖面及可能造成的单个旅游团队的总体损失金额。定制旅游产品生产商经营的一大痛点即是全行业尚未形成有效的风险共同防御机制，单个企业在风险应对方面存在力不从心的困难。

定制旅游产品生产商应根据市场反响及时提出价格调整方案并指导执行，可以考虑收集同业产品的价格、同业产品的服务内容及目标客户对于该类旅游产品价格的接受度等信息，尤其要关注目标客户群体的价格敏感度和旅游预算。定制旅游产品的价格调整，须对原有产品的成本进行重新核算和分析，以确保在产品价格调整后，产品仍能保持合理的利润空间。根据淡旺季的不同，定制旅游产品生产商应酌情调整产品价格。定制旅游产品生产商调整价格后，需要关注调整的效果，监控产品销售情况、利润率等关键指标，并收集目标客户反馈。如果调整的效果不理想，应及时进行再次修正。

🔆 任务实施

某定制旅游产品生产商推出"建筑可阅读"系列都市旅游产品，在采购旅游服务项目时，应考虑旅游者对文化旅游类定制产品的需求更偏重于满足精神文化需求，例如，在旅游活动中体验饮食文化、民族民俗文化、建筑文化。而文化旅游类定制产品具有多样性，需要不同人文旅游资源的组合、支持和优化。某旅游集团主动而为，克服困难，与文旅部门、公共文化机构加强沟通与合作，采购了优质公共服务资源，从而深化了旅游目的地区域内部、旅游目的地之间的资源互补合作，努力实现以全域旅游优化公共文化服务，推动公共文化机构发展旅游服务功能、对文化设施进行旅游化开发和创意策划，孵化衍生出多层次、多类型的文化旅游产品。

某定制旅游产品生产商对旅游产品构成要素的文化元素进行深度挖掘和开发，精心规划设计"建筑可阅读"人文游览节点。旅游者对人文游览点的历史文化积淀和景观风貌原真性有较高的要求，旅游者希望可以观览传统的、富有特色的建筑文化，希望通过建筑这一载体感受更具个性的都市旅游文化。文化旅游类定制产品需要深度游、体验游，在游览节点的规划设计方面不应贪多求全，而应彰显出游览点独特的资源感召与情感联想，对游览服务的供给也有较高的场景化、创意度、互动性等体验需求。"建筑可阅读"产品的节点规划几经调整，不断完善，充分满足了以上要求。

某定制旅游产品生产商对"建筑可阅读"产品的体验活动设计亦颇具匠

心。通过提供以价值创新为前提的文旅融合类旅游服务，使得旅游者的旅游活动渗透文化元素且具有层次感，活动感受更加丰富。"建筑可阅读"旅游体验活动的设计以旅游者的异质需求为出发点，遵循该产品的主题性原则和差异性原则，强化自身特色，塑造沉浸式、阅读与讲述并重的体验氛围，营造了独有的体验环境。

文化旅游类定制产品让旅游者在轻松愉悦的游览过程中赏景养性，丰富和创新了文化的显性教育形式。但是由于文化旅游类定制产品蕴含着一定的公益属性，使其在开发之初，不可能像其他旅游产品形态迅速产生经济效益，因此大部分旅游产品生产商参与文化旅游类定制产品运营的动力不足。某定制旅游产品生产商运用社群经济的优势，通过对市场需求的捕捉和反复测试，采用"平价优质"策略，加大了"建筑可阅读"等文化旅游类定制产品的开发与运营力度，使之回归于市场经济的运转轨道，激发了该项产品持久强劲的市场竞争力和生命力。

思考与练习

以"千年侗寨·梦萦三江——侗族非遗文化游学之旅"，分析如何从艺术性和舒适性、安全性等角度出发，进行文化旅游类定制产品节点规划和体验活动设计。

拓展阅读：千年侗寨·梦萦三江——侗族非遗文化游学之旅

工作任务三　定制旅游产品供应商管理流程管控

任务引入

请结合文化旅游类定制产品的特性，分析如何确定该类产品供应商评价的指标和权重，以及如何指导和监督供应商服务绩效评价工作，并适时形成评价报告，提出提高供应商服务绩效的对策。

任务分析

文化旅游类定制产品的供应商多为公共文化服务机构，如文博场馆等。确定该类产品供应商评价的指标和权重，需综合考虑旅游者文化体验的需求及旅游服务的需求；指导和监督供应商服务绩效的评价、提出提高供应商服务绩效的对策，则需考虑公共文化服务机构旅游设施不足及旅游服务专业化程度有待提高的现状。

🔗 知识链接

一、指导和监督供应商档案的建立，定期对供应商档案进行检查，并适时提出调整和完善方案

档案是指人们在各项社会活动中直接形成的各种形式的具有保存价值的原始记录。原始记录性是档案的本质属性。旅游供应商的档案归档应该建立在对供应商调查的基础上。旅游供应商的档案归档应包含供应商资质证照、有效合作协议、业务合作明细、往来函件、投诉纠纷等主要内容，还可包含供应商的经营情况、在同行业中的信誉及地位等内容。

定制旅游产品生产商应收集旅游供应商材料，并检查材料的种类是否齐全、内容是否准确。应对旅游供应商的档案材料进行甄别核实，并将甄别之后的材料分类和排序，以便查找。对于不符合存档要求的材料，要提取有效关键信息进行标注并在编写目录时注明。

通常，大中型定制旅游产品生产商一般通过公司内部管理系统进行旅游供应商档案归档管理，小微定制旅游产品生产商一般通过电子表格进行供应商档案归档。

（一）确定旅游供应商档案的归档范围

旅游供应商的档案资料由以下材料组成。

1. 旅游供应商基本资料卡

旅游供应商基本资料卡是供应商档案的重要组成部分，包括但不限于：

（1）企业的经营环境。主要包括企业所在国家或地区的政治、经济和法律环境的稳定性，货币的可兑换性、旅游产业的发展情况、社会治理水平等内容。

（2）企业的人力资源现状。主要包括员工的受教育程度、性别比例、流失率、工作年限、平均工资水平、员工总数、荣誉获得、社保缴纳等内容。

（3）企业的财务状况。主要包括企业的年度财务审计报告等内容，企业财务状况能够清楚地揭示出供应商是否有能力履行义务。为保证供应的连续性和产品质量的可靠性，供应商财务状况的稳定是非常关键的。

（4）企业在同行中的信誉及地位。主要包括同行对企业产品和服务的质量、产品或服务供应的可靠性、财务周期和结算要求、成本控制能力等各个方面的评价。

（5）企业近几年的销售情况。主要包括销售量及市场占有率。

（6）企业现有的合作网络。主要包括该企业的客户关系网络和同行合作伙伴。

（7）企业的地理位置。主要包括旅游供应商所处地理位置的交通是否便利及可到达程度。

2. 业务往来材料

业务往来材料主要包括旅游供应商与定制旅游产品生产商业务往来有关的合同或合作协议、预订单、结算单、业务往来资金流水、投诉处理记录等材料。

3. 重大事件专项材料

重大事件专项材料主要包括旅游供应商近年来发生重大投诉的原因和处理情况、重大责任事故及处理过程、受到行政管理部门的处罚情况、在新闻媒体上有社会影响极大的负面报道，以及法律诉讼事件等内容。

（二）按照归档范围，收集整理旅游供应商的原始资料

按照旅游供应商提供产品或服务的分类，一般可以将旅游供应商划分为餐饮供应商、住宿供应商、旅游交通供应商、旅游景区（点）供应商、地接旅行社供应商、其他供应商等。

1. 餐饮供应商的归档范围

应重点收集餐饮供应商的营业执照、餐饮服务许可证和从业人员健康证，有些地方的餐饮供应商还有消防审批、通过环境测评的排污许可证等证照。此外，还应收集餐饮供应商与定制旅游产品生产商有关的合同或合作协议、业务合作明细、往来函件、投诉处理记录等材料。

2. 住宿供应商的归档范围

应当重点收集住宿供应商的特种行业许可证、消防安全检查证、营业执照及卫生许可证等证照。其中涉及餐饮的住宿供应商还应当有餐饮服务许可证。此外，还应收集住宿供应商与定制旅游产品生产商签订的合同或合作协议、业务合作明细、往来函件、投诉处理记录等材料。

3. 旅游交通供应商的归档范围

按照交通工具的类型，旅游交通供应商一般有各航空公司、中国国家铁路集团有限公司、邮轮公司、旅游客运公司等。但是在管理上，民航、铁路、公路、水运都属于公共交通，运营模式成熟，服务规范。因此，定制旅游产品供应商在旅游交通供应商管理上应当重点关注旅游客运公司供应商。

旅游客运公司将旅游交通车辆出租给个人、单位或群体，在旅游过程中，以小时、天为租赁时长，收费额度依据车型、车座、旅途长短核算。应当重点收集旅游客运公司供应商的营业执照、道路运输经营许可证、机动车驾驶证、车辆行驶证，以及车辆损失险和座位险等保险的保险单，以及其他有关资质证明等复印件或者扫描件。此外，还应收集旅游客运公司供应商与定制旅游产品生产商签订的合同或合作协议、业务合作明细、往来函件、投诉处理记录等材料。

4. 旅游景区（点）供应商的归档范围

应重点收集旅游景区（点）供应商的营业执照、《旅游景区（点）业务经营许可证》等证照。不同类型的旅游景区（点）还应当有相关主管部门的许可，如利用风景名胜区开发旅游的，应有建设部门许可；利用自然保护区、森林公园开发旅游的，应有林业行政管理部门许可；利用水域（水体）或水利工程为依托开发旅游的，应有水利部门许可。

5. 地接旅行社供应商的归档范围

地接旅行社主要负责旅游者在旅游目的地的旅游活动接待。应重点收集地接旅行社营业执照、旅行社业务经营许可证、旅行社责任险投保证明等证照。此外，还应收集与定制旅游产品生产商有关的合同或合作协议、业务合作明细、往来函件、投诉处理记录、安全责任书等材料。

（三）旅游供应商档案的建立

1. 旅游供应商档案管理的要求

（1）确定旅游供应商档案的内容。

（2）对旅游供应商进行分类与编号，分类的方法一般可按类别来划分，常用的编码一般为四位数，前一位为类别码，后三位为供应商序号码。

（3）建立分门别类的旅游供应商基本资料档案。

① 基本情况：包括但不限于：表2-1 旅游供应商基本资料卡的信息。

② 资料类：包括但不限于：营业执照、营业执照到期日期、生产许可证、生产许可证到期日期、质量体系证书、质量体系证书到期日期、其他质量认证证书及证书到期日期、供应商服务内容及一定时期内产品价格目录、注意事项等。

③ 合同类：包括但不限于：采购合同及合同编号、合作协议、技术合作协议、供应商质量保证协议、补充协议等。

④ 产品和服务类：包括但不限于：编码、产品和服务的名称、产品和服务的类型和档次、产品和服务的价格和销售渠道、产品和服务的标准。

⑤ 流程类：包括但不限于：业务合作明细、往来函件、突发事件应急预案、投诉处理记录及其他往来传真、函件等。

知 识卡片

旅游供应商基本资料卡如表2-3所示。

表2-3　旅游供应商基本资料卡

编号					
供应商全称			注册资金		
供应商地址			法人代表		
企业创建日期			业务代表		
开户银行			电话		
对公银行账号			传真		
公司网址		E-mail			
公司性质					
员工人数（缴纳社保人数）	专科学历	本科学历	研究生学历	其他	员工总数
业务范围					
产品或服务品牌					
主营产品/服务					
主营产品/服务的价格体系					
可开具哪类发票	□增值税普通发票　　□增值税专用发票　　□其他，请说明				
可接受付款周期	□90天　　□60天　　□月结30天　　□COD（货到付款）				
公司通过认证的情况	□ISO 9001　　□ISO 14001　　□ISO/TC 228　　□其他：				
公司执照	□工商执照　　□_____　　□_____　　□_____				

续表

公司简介（不超过300字）	
获得荣誉	
安全管理措施	
当出现产品/服务质量问题时，供方最快可在多长时间内解决？（不可抗力因素造成的损坏除外）	
□1小时　□2小时　□6小时　□12小时　□1天	

联系人		联系方式	
供应商确认			
确认人		填写日期	

注：① 本表可以适用于各类旅游供应商。
　② ISO 9001（国际质量管理体系标准）。
　③ ISO 14001（环境管理体系认证）。
　④ ISO/TC 228（旅游及相关服务标准化认证）。

2. 旅游供应商档案建立的注意事项

（1）应记录旅游供应商详细的联系地址、E-mail、网址，旅游供应商的电话除包含其公司的联系电话外，还须有其业务联系人的常用电话和商用传真等；联系电话应尽可能收录该旅游供应商业务主管级以上人员的联系资料，以便能及时处理重大问题；业务联系人须用全名并注明职位；若旅游供应商的联系方式、地址发生变更，应该及时将相关资料更新保存。

（2）应记录旅游供应商的完整名称，要求记录旅游供应商注册或是登记所使用的名称，不能使用简称。

（3）旅游供应商合作各项要求都符合定制旅游产品生产商要求的，且通过审核的旅游供应商，应备注"资料已审核"字样；对符合定制旅游产品生产商要求的已审核旅游供应商，应该及时录入合格供应商资料表；对于已开发的旅游供应商和待开发的旅游供应商分类建立档案。

（4）档案建立采用实时更新、动态调整、定期清理的原则。

（5）重要事件应建立专项档案，注意收集关键的过程性材料。

（6）档案应重点记录旅游供应商财务状况、与定制旅游产品生产商业务往来明细和重大投诉记录。

（7）做好相关资料的保密工作，不能将旅游供应商相关信息随意透露给同业竞争者，也不可将相关信息透露给其他旅游供应商或是定制旅游产品生产商客户。旅游供应商档案资料的调阅需要经过企业相关领导审批。

3. 旅游供应商档案的检查和更新

为确保旅游供应商信息的准确性、合规性和全面性，定制旅游产品生产商应对其档案进行检查和周期性更新。

（1）定制旅游产品生产商应根据企业业务需求和自身资源状况，设定适当的检查频率。例如，可以每季度、每半年或每年进行一次全面的旅游供应商档案检查。

（2）定制旅游产品生产商应建立旅游供应商档案信息检查清单，并根据清单进行逐一核对。定制旅游产品生产商与旅游供应商确定的关键信息，如产品价格、关键服务细节等，需要进行再次确认。定制旅游产品生产商应对过去的交易记录和旅游供应商服务履行情况进行回顾分析，验证旅游供应商的表现是否符合合同条款和企业业务需求。

（3）定制旅游产品生产商应根据旅游供应商档案检查的结果，提出相关的调整和完善方案。比如，更新过时信息，调整不满足当前市场需求的旅游供应商服务，增强对旅游供应商的管理等。

（4）定制旅游产品生产商应及时与旅游供应商沟通档案检查结果和调整方案，达成一致后，更新旅游供应商档案并调整旅游供应商关系管理策略。

（5）定制旅游产品生产商应将供应商档案检查和调整的结果通报给相关的内部团队，如采购、财务、产品等部门。

（6）定制旅游产品生产商应定期为负责供应商管理的员工进行培训，确保他们了解并能执行相应的旅游供应商档案检查与更新程序、规范。

二、确定旅游供应商评价的指标和权重，指导和监督旅游供应商服务绩效评价工作，并适时形成评价报告，提出提高旅游供应商服务绩效的对策

旅游供应商绩效评价是定制旅游产品生产商对已经签订合作协议并持续提供服务的旅游供应商在一定时期内供应的产品和质量进行评价，旅游供应商绩效评价可以促进旅游供应商持续提升服务的能力。定制旅游产品生产商对不同类型、不同规模的旅游供应商的要求不同，相应的绩效评价体系也不同。

（一）旅游供应商绩效评价指标

旅游供应商绩效评价是定制旅游产品生产商供应商管理的基础，也是对供应商进行风险控制的重要环节。

1. 旅游供应商绩效评价的目的

（1）作为旅游供应商奖惩的依据。定期对旅游供应商进行绩效评价可以及时了解其定期供货的质量表现。对于绩效表现好的旅游供应商，可以加强合作；对于绩效评价较差的旅游供应商，则可以减少合作，必要时开展团队帮扶、项目辅导，如果旅游供应商服务质量还是没有明显的改观，则可以停止合作。

（2）作为订单分配的依据。绩效评价结果作为给旅游供应商分配订单的依据，可以降低人为因素的影响，更加透明、公平。

（3）作为改善旅游供应商服务质量的抓手。在旅游供应商绩效评价的过程中，可以发现旅游供应商服务质量波动的影响因素和潜在风险，促使旅游供应商改善服务质量及加强风险管理。

（4）作为选择战略合作伙伴的参考。分析旅游供应商的团队建设、技术与管理能力等绩效评价指标，作为选择战略合作伙伴的参考。

（5）建立稳定可靠的合作关系。及时与旅游供应商就绩效评价的内容与形式进行沟通，尊重旅游供应商的利益，建立合作共赢、稳定可靠的合作关系。

（6）引入竞争机制。通过旅游供应商绩效评价引入竞争机制，优胜劣汰，促使旅游供应商提高绩效水平。

2. 一票否决的绩效评价指标

（1）旅游供应商未取得相关业务经营许可证和营业执照，或者出现超经营范围的产品或服务。

（2）旅游供应商近年来发生重大责任事故，或受到行政管理部门的处罚，或在新闻媒体上有社会影响极大的负面报道。

（3）旅游供应商近三年与定制旅游产品生产商在合同履约上存在重大纠纷，或者该供应商是定制旅游产品生产商客户的主要投诉对象。

3. 旅游供应商绩效评价的要素

定制旅游产品生产商应当根据自身业务实际，依据以下要素，制定旅游供应商绩效评价指标及权重体系。

（1）质量水平。包括但不限于：产品或服务的优良率；质量保证体系；对质量问题的处理；售后服务能力。

（2）接待能力。包括但不限于：订单处理的及时性；扩大接待量的弹性；淡旺季增、减订单的应变力。

（3）价格水平。包括但不限于：优惠程度；付款周期；成本下降空间。

（4）人力资源。包括但不限于：经营团队；员工素质。

（5）现有合作状况。包括但不限于：合同履约率；旅游者满意度；合作年限；合作融洽关系。

4. 旅游供应商绩效评价指标体系

旅游供应商绩效评价指标体系的建立，内容可参考表2-4。

表2-4 旅游供应商绩效评价指标体系

评价指标	评价标准	评价方法
质量指标	合格率＝合格数÷全部产品数×100%	定量分析法
成本指标	市场平均价格比率＝（供应商的价格－市场平均价格）÷市场平均价格 最低价格比率＝（供应商的价格－市场最低价格）÷市场最低价格	定量分析法
交付指标	订单准时处理率＝订单准时处理的次数÷总订单申请数	定量分析法
服务质量指标	① 合作态度是否积极配合 ② 售后服务是否专业、反馈是否及时 ③ 其他指标	定性分析法
安全管理指标	① 是否建立安全管理体系且相关人员分工明确 ② 是否制定有效的突发事件预案以及处理流程 ③ 是否常态化进行突发事件处理演练且保存演练记录	

5. 分配绩效评价的指标权重

根据旅游供应商绩效评价的目标，给每个指标分配考核的权重。权重的分配体现各个指标在整个绩效评价体系的相对重要程度，因每个组织对各个指标的关注度各不相同（如有些组织对成本特别关注，而有些组织则重视质量），其权重的设置也是各有不同。供应商绩效评价指标的权重分配是一个主观又关键的过程。每个企业可能都有自己独特的需求和供应链目标，因此分配的权重可能会有所不同。定制旅游产品生产商应确定旅游供应商绩效评价的各项关键指标，如产品质量、服务支持、价格、订单准确性、响应速度等；然后再决定每个指标对企业的重要性，这通常取决于定制旅游产品生产商的战略目标和具体的业务需求；再根据每个指标的重要性分配相应的权重，权重之和应为100%。如果认为产品质量最重要，可以给这一项分配最高的权重。如果相比之下，响应速度的重要性较低，可以考虑给它分配较低的权重。旅游供应商绩效评价指标的权重可能随着业务需求和市场环境的变化而变化，定制旅游产品生产商需要对其定期进行沟通和审查，并适当征询旅游供应商的意见和建议，以鼓励旅游供应商提升服务质量，建立良好的合作关系。

6. 不同类型旅游供应商的绩效评价指标设置

（1）地接旅行社供应商绩效评价指标设置。

① 应重点评价该企业资质、当地旅游要素采购能力、产品策划与创新能力、接待服务能力等。

② 同区域内，在保持相同接待标准的情况下，当地采购能力强、有价格优势的地接旅行社供应商获得较高的评价。

③ 同区域内，与本企业有长期合作关系，合作良好，服务质量有保障的地接旅行社供应商获得较高的评价。

④ 同区域内，在旅游目的地专职导游多、导游队伍业务能力强的地接旅行社供应商获得较高的评价。

⑤ 同区域内，旅游者满意度高的地接旅行社供应商获得较高的评价。

⑥ 同区域内，安全管理制度健全、安全管理措施完善的地接旅行社供应商获得较高的评价。

⑦ 应重点评价该企业财务结算周期、遇到纠纷事件时信息沟通效率及处理效果。

⑧ 应重点评价该企业参加旅行社责任险保障项目的情况，以及保障额度。

（2）旅游客运公司供应商绩效评价指标设置。

① 应重点评价该企业资质、车辆状况、司机技术与服务态度等。

② 道路运输企业质量信誉等级高的旅游客运公司供应商获得较高的评价。

③ 近三年安全事故发生率低的旅游客运公司供应商获得较高的评价。

④ 结合车辆性能、车况、乘坐舒适度、外观及司机技能与服务态度等要素，旅游者满意度高的旅游客运公司供应商获得较高的评价。

⑤ 应重点评价该企业财务结算周期、遇到纠纷事件时信息沟通效率及处理效果。

⑥ 应重点评价旅游客运车辆保险的覆盖范围及保障额度。

（3）住宿供应商绩效评价指标设置。

① 应重点评价该企业经营资质、硬件设施、服务质量、区位条件、周边环境、交通状况、治安状况等。

② 证照完备的住宿供应商获得较高的评价。

③ 星级或品质等级高的住宿供应商获得较高的评价。

④ 加入全国知名连锁品牌的住宿供应商获得较高的评价。

⑤ 结合硬件设施、服务质量、区位条件、周边环境、交通状况、治安状

况等要素，旅游者满意度高的住宿供应商获得较高的评价。

⑥ 应重点评价该企业财务结算周期、遇到纠纷事件时信息沟通效率及处理效果。

⑦ 应重点评价该企业消防安全管理及设施设备状况。

（4）餐饮供应商绩效评价指标设置。

① 应重点评价其经营资质、店内和周边环境卫生状况、硬件设施、服务质量、区位条件、交通状况、治安状况等。

② 证照完备的餐饮供应商获得较高的评价。

③ 结合菜品口味、卫生状况、服务质量、硬件设施、区位条件、交通状况、治安状况等要素，旅游者满意度高的餐饮供应商获得较高的评价。

④ 应重点评价该企业财务结算周期、遇到纠纷事件时信息沟通效率及处理效果。

⑤ 应评价餐厅的卫生间设置是否合理。

（5）景区（点）供应商绩效评价指标设置。

① 应重点评价其经营资质、资源级别、旅游热度、景区（点）内及周边环境状况、硬件设施、应急处理能力、服务质量、区位条件、交通状况、治安状况等。

② 证照完备的景区（点）供应商获得较高的评价。

③ 品质评定等级高的景区（点）供应商获得较高的评价。

④ 结合景观品质、旅游知名度、环境状况、综合体验、配套设施条件、服务质量、安全状况、交通状况、治安状况等要素，旅游者满意度高的景区（点）供应商获得较高的评价。

⑤ 应重点评价景区的财务结算周期、遇到纠纷事件时信息沟通效率及处理效果。

⑥ 应重点评价景区突发事件预案及处理流程的实效性。

⑦ 应重点评价景区安全设施的配备及维护状况。

⑧ 应评价景区是否及时发布最大承载量信息。

⑨ 应重点评价景区参加公众责任险项目的情况，以及保障额度。

（二）定期收集利益相关方对旅游供应商绩效的评价并进行核实

定制旅游产品生产商应定期收集利益相关方对旅游供应商绩效的评价并进行核实。旅游团队的陪同人员应及时反馈旅游供应商履约情况并以书面形式上报。重要事件应由定制旅游产品生产商委派专人，通过暗访、实地考察、向旅游供应商查问等方式进行核实。

定制旅游产品生产商应定期收集旅游者对旅游供应商服务质量的评价，及时发放和回收《旅游者满意度调查表》。相应表单回收后应由专人进行分析，并对"满意"事项和"不满意"事项进行核实。

（三）对旅游供应商的服务绩效进行完整的过程性监督与评价

旅游供应商提供的旅游服务产品是在旅游者消费的过程中生产出来的。旅游者接触旅游供应商服务是一个动态持续的过程，由了解资讯、进入场景、参与互动、进行体验、动身离开等若干环节构成，每一个环节的服务都会影响到旅游者的感受，进而影响旅游者对定制旅游产品品质的评价。因此，定制旅游产品生产商对旅游供应商的服务绩效要进行完整的过程性监督与评价。

定制旅游产品生产商应审核旅游供应商旅游服务产品资讯的真实性、合法合规性和吸引力，派出暗访人员或亲赴供应商服务现场进行考察，对酒店包房、定点餐厅等可通过试住、试餐等方式实地暗访（客户指定的供应商也应了解相关情况，如有隐患和缺陷须明确提示客户），通过电话回访旅游者、在服务现场发放旅游者满意度调查表等方式对旅游者进行调研，还可通过旅游团队陪同人员的意见反馈，对旅游供应商服务绩效进行即时性跟进、监督和评价。

定制旅游产品生产商应及时形成旅游供应商服务质量评价报告。报告应概述旅游供应商的基本情况，形成报告的日期，评价旅游供应商服务质量的目标及时间周期。报告应列出评价使用的指标，并确定这些指标的权重，并对每个评价指标据实进行逐一分析和评分，通过量化的数据和信息更具体和准确地评价旅游供应商的表现，然后再根据各个指标的得分和权重，计算旅游供应商的总评分，以便了解旅游供应商的整体绩效。报告应明确列出旅游供应商表现较优秀的地方，以及需要改进的地方。在报告的结尾部分对旅游供应商的绩效给出整体的评价，提出需要旅游供应商整改的具体建议。完成报告后，通常需要进行多轮的审核，确保所有的信息都是准确和全面的。定制旅游产品生产商需要及时将报告发送给内部相关人员及旅游供应商，并督促内部人员进行学习交流，以及提示旅游供应商进行服务质量的整改提升。

知识卡片

某定制旅游产品生产商运用四种内部测评与两种外部测评手段对旅游供应商服务绩效进行过程性监督，包括：旅游安全专项检查、质量追踪、回访及数据统计与分析、导游日志反馈等四种内部测评，以及团中暗访、第三方满意度测评等两种外部测评，及时找出旅游供应商服务质量问题，以便跟进整改，具体内容见表2-5。

表2-5 旅游供应商服务绩效过程性监督表

评价环节	评价方式	周期	作业人	内容或指标
内部测评	旅游安全专项检查	不定期	1. 质量管理部门质量检查岗 2. 产品部门计调岗、导游领队岗 3. 销售部门销售岗 4. 网站运营部门客户服务岗	按照《旅游安全操作指引流程节点说明》进行专项检查，确保计调人员、销售人员、导游人员了解存在潜在安全风险的旅游供应商服务项目，以便在计调操作、销售、导游带团等环节，及时对旅游者进行安全提示
	质量追踪	团队行进中	产品部门质量管理岗	随机抽取参团旅游者进行电话回访，了解旅游供应商接待服务质量
	回访及数据统计与分析	1. 旅游者在App上提交旅游供应商服务质量评价调查问卷 2. 由专人对旅游者进行旅游供应商服务质量评价电话回访 3. 每月进行一次调查和回访数据统计分析	1. 网站运营部门客户服务岗 2. 产品部门客户服务岗 3. 产品部门质量管理岗 4. 销售部门售后服务岗 5. 质量管理部门质量检查岗	通过对App和电话回访的《××企业旅游供应商服务质量旅游者评价表》数据的统计，在该企业信息管理系统中自动生成旅游供应商服务质量评价报告，供产品部门和销售部门在研发和销售产品时参考使用
	导游日志反馈	每月一次	产品部门质量管理岗	通过导游填写导游日志时收集的旅游供应商服务质量的数据，在该企业信息管理系统中自动生成旅游供应商服务质量评价报告，供产品部门进行跟踪分析和改进
外部测评	团中暗访	不定期	质管部质量岗	从广之旅客户中聘请服务质量监督员，以普通游客身份参与从门店收客、团队接待、团队售后服务等环节的全过程，并对以上服务进行暗访与评价

续表

评价环节	评价方式	周期	作业人	内容或指标
外部测评	第三方满意度测评	每年一次	质管部质量岗	聘请第三方机构对广之旅综合品牌影响进行调查与评估，同时，对自身及竞争对手的服务质量进行调查对比，找出与竞争对手的差别，从而认清自身的优势不足，实现持续改进与提升

三、制定旅游供应商激励与退出的机制，并指导和监督执行

（一）旅游供应商激励与退出的规定

1. 旅游供应商质量等级管理

定制旅游产品生产商应对旅游供应商进行质量等级评定。一般而言，定制旅游产品生产商对旅游供应商可以设置质量分级体系，如五级制、三级制或者打分制。认定等级为"优质"的旅游供应商，其提供的产品或者服务从未收到旅游者的投诉，旅游者对其旅游质量评价得分往往是"满意"。认定等级为"一般"的旅游供应商，其提供的产品或者服务不会成为旅游者投诉的重点，没有明显瑕疵。认定等级为"不合格"的旅游供应商，其提供的产品或者服务往往成为旅游者投诉的重点，其产品或服务有严重质量缺陷。

对于质量等级为"优质"的旅游供应商，可以采取激励措施，以激发其积极性；对于质量等级为"不合格"的旅游供应商，要求其限期进行整改，但如果没有改进，则考虑将其退出。

2. 旅游供应商的激励

（1）旅游供应商激励对象。包括供应商自身、供应商关联企业，以及供应商企业管理人员、业务人员和一般员工。

（2）旅游供应商激励措施。

① 延长合作期限。

② 增加合作份额。

③ 增加旅游供应商提供的服务类别。

④ 提升旅游供应商的质量等级。

⑤ 颁发证书或锦旗。

⑥ 进行现金或实物奖励。

3. 旅游供应商的退出

（1）旅游供应商退出的条件。

① 旅游供应商服务绩效长期处于较低水平。

② 旅游供应商与定制旅游产品生产商在合同履约上存在重大纠纷，或者该供应商是定制旅游产品生产商客户的主要投诉对象。

③ 旅游供应商在服务过程中发生重大责任事故，给定制旅游产品生产商造成重大损失。

④ 旅游供应商在新闻媒体上有社会影响极大的负面报道。

（2）旅游供应商退出机制。

① 填写拟退出的旅游供应商情况分析表。

② 办理旅游供应商退出的结算收尾事宜。

知识卡片

拟退出的旅游供应商情况分析表如表2-6所示。

表2-6　拟退出的旅游供应商情况分析表

业务部门		旅游供应商名称	
产品/服务名称		产品/服务要求	
旅游供应商服务质量问题			
旅游供应商安全责任问题			
旅游供应商违约要点			
该旅游供应商给公司造成的损失			
拟退出该旅游供应商的原因			

续表

拟采取的结算收尾措施			
质检人员	部门	职务	签名
审核人员	部门	职务	签名

（二）慎重选择激励与退出的供应商

定制旅游产品生产商应综合评判旅游供应商的硬件设施、运营能力、配合程度，慎重选择激励与退出的旅游供应商，对服务绩效评价高的进行激励，对服务绩效评价低的将其退出。可参考表 2-7 所示的旅游供应商服务绩效评价重要项目一览表，经综合评价等级为优秀等级的可以考虑列入拟激励的供应商，等级为不合格等级的可以考虑列入拟退出的供应商。

表 2-7　旅游供应商服务绩效评价重要项目一览表

评价项目	优秀等级	良好等级	合格等级	不合格等级
硬件设施	硬件设施完备，质量好，外观整洁美观，维护良好	硬件设施完备，质量好，维护较好	硬件设施较为完备，质量合格，维护程度一般	硬件设施不完备，质量不合格，没有维护
供应能力	供应能力强，产品或服务交付及时，交付进度始终能满足定制旅游产品生产商业务所需，没有产生附加费用	供应能力较强，产品或服务交付进度能满足定制旅游产品生产商业务所需，产生了附加费用（1~5笔）	供应能力一般，偶尔因产品或服务交付进度问题影响定制旅游产品生产商业务；产生了附加费用（6~10笔）	供应能力差，供应不及时，因产品或服务交付进度问题经常影响定制旅游产品生产商业务，产生了附加费用（10笔以上）
接待质量	无服务缺陷订单数	服务缺陷订单数小于3项	服务缺陷订单数小于10项	服务缺陷订单数大于10项
安全管理	安全责任事故为0项	无重大责任事故，一般安全责任事故3项及以下	一般安全责任事故5项及以下	发生重大安全责任事故或一般安全责任事故10项及以上

评价项目	优秀等级	良好等级	合格等级	不合格等级
成本	价格合理，旅游旺季价格上涨不超过去年同期	价格较为合理，旅游旺季价格上涨不超过去年同期的5%	价格有上涨趋势但总体还算合理，旅游旺季价格上涨超过去年同期的8%	价格高，有暴利嫌疑，且不同意降价；旅游旺季价格上涨超过去年同期的15%
配合程度	能主动进行服务绩效改进和提升	收到定制旅游产品生产商要求提高服务绩效的通知后，能及时改进，并取得实质成效	收到定制旅游产品生产商要求提高服务绩效的通知后，改进效率和改进效果尚可	收到定制旅游产品生产商要求提高服务绩效的通知后拒不改进或无力改进

（三）灵活采用旅游供应商激励模式，并进行适时调整

常见的旅游供应商激励模式如下。

（1）价格激励。定制旅游产品生产商提高对旅游供应商的采购价格，以增加旅游供应商获利的可能性。但在实际情况中，定制旅游产品生产商较少采用此种激励模式。

（2）订单激励。在旅游供应商供应能力可以承受的前提下，定制旅游产品生产商增加对旅游供应商的订单量，此种激励模式可以起到立竿见影的良好效果。

（3）商誉激励。商誉是一个企业的无形资产，反映了企业的社会地位，定制旅游产品生产商可以对旅游供应商进行褒奖，并在同行业中推广和宣传其企业品牌形象，帮助旅游供应商提高商誉，从而营造更好的合作共赢氛围。

（4）组织激励。定制旅游产品生产商可以和旅游供应商建立更加紧密的战略伙伴式合作关系，双方共同组建产品设计开发联盟，共享创新型产品设计与开发的收益。

（四）妥善办理拟退出供应商的结算收尾工作

定制旅游产品生产商业务部门对旅游供应商服务绩效进行认真评价后，拟订准备将其退出的旅游供应商名单，并填写拟退出的旅游供应商情况分析表，将相应佐证材料提交主管部门审核。经主管部门审核无误并批准后，开始启动该旅游供应商退出的流程。

定制旅游产品生产商应委派专人联系该旅游供应商，解除双方的合作协议，结算业务往来款项，协商处理有可能产生纠纷的专项事务。若协商不成，定制旅游产品生产商可启动法律维权程序。值得注意的是，旅游供应商退出后的结算收尾工作，是保障定制旅游产品生产商减少损失的重要手段。结算收尾工作既是具体细致的技术业务，也是灵活务实的公关艺术。在实际操作中，应

注意以下要点：仔细核对协议中所涉及利益的条款；慎重制定结算收尾方案；核实清楚业务往来明细及盈利和亏损；收集和管理好书面材料；掌握结算技巧，坚持原则的同时也可适当让步。

定制旅游产品生产商指导和监督旅游供应商的激励和退出，具体可以采用以下策略。

（1）对旅游供应商评价机制定期进行评估和审查。

（2）对需要提升服务质量、改善服务绩效的旅游供应商提供清晰明确的反馈，并提供必要的培训以协助其改善。

（3）采用合适的技术工具，如使用供应链管理软件等工具可以帮助定制旅游产品生产商更有效地监督和管理旅游供应商。

任务实施

确定历史文化类景区供应商评价的指标和权重，除考虑景区供应商通用的绩效评价指标外，以下指标至关重要，具体阐述如下。

（1）景区供应商通用的绩效考核指标：占60%。其中，景区的资源级别占20%，品牌知名度与美誉度占10%，景区环境及配套设施、交通状况占20%，治安及安全管理占10%。

（2）历史文物及文化遗产保护：占15%。定制旅游产品生产商应重点评价景区对历史文物和文化遗产的保护工作，比如文物修复、建筑维护、环境整治等。尤其应关注是否由专业人员使用适宜的材料和技术、采取科学的方法进行文物维修工作，以及是否对文物周围的环境进行严格控制，包括温度、湿度、光线强度和空气质量；是否采取措施减少自然和人为的损害，如防水、防虫、减少污染等，以及是否通过展览、讲解、教育活动等手段加强公众对历史文物价值的认识；是否采取切实可行的措施平衡旅游经济效益和文物保护的需要，限制过度开发和旅游者过多对文物可能造成的损害；是否推广负责任的旅游行为，教育旅游者尊重和保护文物。

（3）员工服务态度与专业素养：占15%。定制旅游产品生产商应评价历史文化类景区员工的热情、礼貌、沟通协调能力，以及讲解与导览、组织体验活动等旅游服务能力。其中，员工提供的讲解与导览服务最为重要，应重点关注讲解与导览内容的准确性、深度和易懂程度，以及介绍方式是否吸引人、是否增进了旅游者对历史文化的理解。

（4）历史文化体验活动：占10%。定制旅游产品生产商应评价历史文化类景区提供的峰值体验活动项目，以及体验活动的旅游者参与度和体验价值。

定制旅游产品生产商通过对历史文化类景区供应商的服务绩效进行完整

的过程性监督与评价，应提出提高此类供应商服务绩效的对策。具体如下。

（1）鼓励景区完善设施建设，确保所有设施尤其是安全设施的情况良好，同时加强无障碍环境建设，无障碍设施应稳固、安全、便于使用，以适应不同类型旅游者的需要。

（2）鼓励景区加强历史文物和文化遗产保护的措施。

（3）鼓励景区加强员工培训，提升讲解与导览服务水平：通过定期培训提高员工的服务专业化程度和沟通协调能力，培养员工热爱工作、扶助弱小的奉献精神。不断完善讲解与导览服务，提供多样化的导览方式，如现场讲解、音频导览、虚拟导览等。

（4）鼓励景区丰富历史文化体验活动：不断更新与增加高质量体验活动，保持景区吸引力。同时，引入更具时尚、更具创新性的互动体验项目。

（5）鼓励景区扶持和引导周边商业发展，提供良好的餐饮、住宿和购物服务。

（6）要求景区强化安全保障措施，定期开展安全教育培训和应急演练，提高应对突发事件的能力，以确保旅游者人身和财产安全。

拓展阅读：旅行社业务中的合格供应商如何认定

思考与练习

请调研一家定制旅游产品生产商，依据真实素材，帮助其撰写一份该生产商合作的某家旅游客运公司服务质量评价报告。

工作任务	职业技能要求
● 行程规划工具选择和运用	● 能选择和运用合适的工具规划定制旅游产品的行程节点
	● 能选择和运用合适的工具规划定制旅游产品的要素衔接
● 资源采购工具选择和运用	● 能选择和运用合适的网络平台工具对接游览资源供应商
	● 能选择和运用合适的网络平台工具对接餐饮、住宿资源供应商
	● 能选择和运用合适的网络平台工具对接休闲娱乐资源供应商
● 智能管理工具选择和运用	● 能选择和运用智能管理平台系统管理旅游要素资源
	● 能选择和运用智能管理平台系统管理旅游供应商资源
	● 能选择和运用智能管理平台系统维护客户资源

必 备 知 识

一、智能旅行工具

智能旅行工具既是获取定制旅游产品信息的重要手段，又是定制旅游产品行程制定、执行、管理的智能支撑工具，具有多重功能。

二、行程规划数字化工具

（一）行程规划数字化工具的定义

行程规划的目的是围绕旅行目的，对旅行要素进行合理的整合。因此，凡是可用于旅游要素信息提供、产品购买、行程优化、旅行记录、投诉反馈的软件和平台，原则上都可以认为是旅行策划数字化工具。具体来说，包括旅游资讯平台和交通服务、住宿服务、餐饮服务、游览服务、购物服务等工具，以及专门的行程策划工具等。

（二）行程规划数字化工具简介

1. 电子地图工具

电子地图（electronic map）即数字地图，是利用计算机技术，以数字方式存储和查阅的地图。电子地图是地图制作和应用的一个系统，是由电子计算机控制所生成的地图，是基于数字制图技术的屏幕地图，是可视化的实地图。用户可以使用电子地图工具查找各种场所及其位置，通过地图查找出行的路线。目前，我国常用的地图工具主要有百度地图、高德地图等。

百度地图是百度旗下出行类应用软件，具备全球化地理信息服务能力，包括智能定位、POI（point of interset，兴趣点）检索、路线规划、导航、路况、实时公交等。伴随着 AI 时代的到来，作为"新一代人工智能地图"，百度地图 90% 的数据生产环节已实现 AI 化，并上线地图语音定制功能。地图导航功能强大，路线精准规划方面，能根据未来预测路况，推荐更优通行路线，避堵效果良好；智能定位方面，在卫星导航信号弱的情况下，可启动智能定位；沉浸式导航方面，三维实景建模与精准定位匹配，在易偏航路段，提供全程动态导航体验；车道级导航，具有全程最佳车道推荐功能，导航界面可个性化切换，道路事件车道级提示；能结合目的地信息和状态，智能推荐停车点；道路颠簸提示功能融合轨迹图像的颠簸挖掘，辅助用户路线决策；路况信息实时分享可及时获取事件进展；智能驾车出行建议功能让用户长途出行早做计划，途中状况行前预知，实现安全高效出发；实时出行路况预测功能可预测实时路况与耗时，准确预估到达时间；未来出行路况预测功能可根据预测未来路况与耗时，设置到达时间，反推最佳出发时间，让用户提前规划行程；预估拥堵消散用时功能可实现拥堵趋势精准预测。

高德地图是阿里巴巴集团旗下的位置服务类应用，是数字地图内容、导航和位置服务解决方案提供商。高德地图具备实地采集、网络采集等专业地图数据服务，覆盖全国 364 个城市、全国道路里程 352 万千米，具有在线导航功能，可实现全程语音指引提示，完善偏航判定和偏航重导功能；具备 AR 虚拟实景功能，结合手机摄像头和用户位置、方向等信息，将信息点以更直观的方式展现给用户；具有丰富的出行查询功能，如地名信息查询、分类信息查询、驾车路线规划等。高德地图的基本功能包括搜索周边、离线地图、线路规划、免费导航、躲避拥堵、实时路况等，能为用户提供便捷的出行引导和周边各种生活环境查找功能。

2. 在线点评工具

在线点评工具一般是针对日常生活消费场景由消费者对商家或商品从环境、品质、服务、价格等多个维度进行点评，为其他消费者提供选择参考的平台和应用。

大众点评网：定制旅游产品生产商可以在大众点评网上搜索餐厅，并查看其他用户的评价，以便更详细地了解餐厅的质量和声誉。大众点评网的核心是用户评价和评分，可看作是相对客观的群体评定。

Tripadvisor（猫途鹰）：旅行攻略软件，提供了全球各地的酒店、餐厅、景点等信息，用户可以根据自己的需求和预算来搜索。Tripadvisor 提供的其他用户的点评和照片，给用户以为直观的信息参考。

Triposo：旅游攻略软件，提供了全球各地的旅游信息，用户可以根据自己的需求和预算来搜索。Triposo 同样提供了其他用户的点评和照片。

3. 辅助游览工具

辅助游览工具是将景区等游览项目通过图片、视频或者 VR 等方式结合文字语音在 App、小程序等平台上展示，以帮助旅游者在游览前或游览过程中对相关景点、景观或者文物等有更深入的了解和认识，丰富旅游体验。

三毛游：以景点 / 博物馆智慧导览为切入点，是专注提供全球旅行文化内容知识的线上和线下输出服务，覆盖全球 15 000 多个景区和博物馆的智能中文自助导览解说。三毛游 App 协同原有的线上自助讲解功能，实现覆盖线上线下（自助 / 人工）景点博物馆文化知识内容输出的平台。

4. 在线交易工具

旅游产品在线交易平台主要指将航空、景区、住宿、演出等旅游相关产品发布到平台，供旅游者进行选择、预订、购买的平台，以方便旅游者合理规划设计旅游行程。

去哪儿网：主要定位是旅游产品比价购买，汇集旅游路线规划、景点门票预订、餐饮住宿等功能，为用户提供多个平台上同一产品不同价格及服务内容的信息比较，并引导用户完成在线预订和购买。

美团网：早期定位是团购服务平台，逐步演变为生活服务查询与购买平台，汇集美食、旅游、电影、酒店等多种服务，旅游路线规划也是其重要的功能之一，用户可在该平台采购旅游所需的生活服务资源。

（三）旅游路线规划软件

旅游路线规划软件是指能够为旅游者提供旅游路线规划、景点介绍、交通信息、餐饮住宿等相关信息的工具。

1. 马蜂窝

马蜂窝是集旅游攻略、景点介绍、餐饮住宿、旅游路线规划等功能于一身的旅游软件，其用户生成的游记攻略是实地体验的反馈，是旅游线路规划的重要参考。

2. Tripadvisor

Tripadvisor 是面向全球旅行爱好者的出游攻略规划软件。使用它，用户可以方便地规划行程并预订酒店，该软件提供了根据用户选择的目的地自动生成旅游路线图的功能。

3. 穷游锦囊

穷游锦囊是穷游网推出的旅行攻略软件，它不仅介绍经典景点，还推出了全球旅游景点的安全评级及有关旅行的本地安全指南。此外，穷游网推出的行程助手 App 可以帮助、引导用户快速完成旅游线路规划。用户可以自己完成每个景点的选择，也可以根据系统提供的旅游路线进行二次编辑。

三、资源采购数字化工具

旅游服务项目资源主要包括交通、住宿、餐饮、门票（演出票）等内容，一般由相应的服务提供商提供。各类服务提供商均直接或者间接开通了数字化服务工具，通过在线平台、移动终端等可以直接对接服务提供商，完成分散资源的采购，也可以通过旅游批发商提供的在线服务平台等实现打包资源的采购，这种直接对接服务商或者中间商的数字化工具，可以统一视为旅游服务项目资源采购数字化工具。

（一）分散资源采购数字化工具

分散采购旅游服务资源，各个类型的资源都有丰富的数字化工具，简单介绍如下。

1. 交通类工具

交通类工具主要包括机票、火车票、汽车票及船票等在线销售平台，一般提供的服务都能满足用户所需，只要根据习惯选择即可，也可以做价格及服务的比对。

（1）机票搜索比价平台：去哪儿网。

去哪儿网是中文在线旅行网站，为消费者提供机票、酒店、会场、度假产品的实时搜索，并提供旅游产品团购及其他旅游信息服务，也是同业服务平台。

（2）火车票购买平台：中国铁路客户服务中心（12306）。

中国铁路客户服务中心是我国铁路出行的官方服务平台，是铁路服务客户的重要窗口，集成全路客货运输信息，为社会和铁路客户提供客货运输业务和公共信息查询服务。基本功能包括票务预订、票价查询、余票查询、代售点查询、旅程规划、正晚点查询。其他功能还包括电子临时乘车身份证明申领、重点旅客预约、遗失物品找回、列车运行情况查询等。

（3）汽车票、船票：携程旅行网。

对于汽车、船票等中短途交通工具的票务采购工作，一方面是通过相应交通服务企业提供的官方平台进行采购，如官网和小程序等；另一方面是通过第三方平台进行采购。携程旅行网的汽车票、船票模块是一个较为成熟且覆盖全国的交通票务平台，可根据出发城市、到达城市和出发日期3个核心要素搜索相关票务情况，并能实现在线购买相应服务。

2. 住宿类工具

住宿类工具主要包括酒店、民宿等旅游住宿产品在线查询、预订、购买平台。

（1）酒店：携程旅行网、美团网。

酒店预订平台目前数量众多，基本可以实现在线选房、看房、预订及支付等功能，根据订单规模来看，携程旅行网与美团网是国内订房网站中较大的两个平台，用户登录页面均可以实现便捷查询、选择和预订。酒店预订平台的功能为所见即所得，具有友好的界面，用户通过网站或 App、小程序使用均能快速上手，是较为成熟的旅游在线服务平台。

（2）民宿等：途家网。

途家网是一家依托国际分散式酒店管理和业务标准、结合线下旅游的不动产存量、线中呼叫中心、线上度假公寓在线订房交易系统的新型平台。途家网分为业主端和游客端。

途家网业主端将对业主开放房屋及周边各类信息查询。提供房屋信息更新、维护及保养情况、房屋租赁收益和回报、不动产经营报告、房态查询服务等，方便业主及时获取房屋相关情况，更好地管理异地不动产。

途家网游客端精选居家式品质旅游的公寓，为旅游者提供线上线下结合的一站式便捷服务。线上一站式服务功能齐全，咨讯、互动、展示、比价、交易、评价反馈、分享等在线服务丰富和完善；线下一站式服务包括个性化的居家度假服务，如机场门房、接送机、房屋打扫等。

3. 餐饮类工具

餐饮类工具主要指为旅游者在旅行过程提供在线查询、预订、购买餐饮产品为主的平台，一般首选饭店的官方在线服务工具，如微信服务号、小程序、微官网等，其次是大众点评网、美团网等平台。

（1）大众点评网。大众点评网是独立的第三方消费点评网站。大众点评网不仅为用户提供商户信息、消费点评及消费优惠等信息服务，同时亦提供团购、餐厅预订、外卖及电子会员卡等O2O（线上到线下，Online To Offline）交易服务。

（2）美团网。美团网是一家科技零售公司，它持续推动服务零售和商品零售在需求侧和供给侧的数字化升级。美团网作为一个大型的团购购物平台，为卖家也就是商铺提供了专门的入口。商家入驻之后就可以发布团购信息，消费者可以根据自己的需求挑选合适的团购产品和服务进行购买，可以使用多种支付方式便捷支付。消费者可对团购产品和服务进行评价，督促商家提供更优质产品和服务，为消费者购买提供参考。

4. 门票类工具

在线门票销售模式方面，目前旅游行业主要有自营、代理、零售、动态打包等。自营，资源直采，产品自主研发；代理，供应商提供资源和产品，然后OTA提供运营和服务；零售，其实就是平台模式，类似于淘宝；动态打包（dynamic package，DP），将平台中机票、酒店等碎片化打包组合（如携程旅行网的景点＋酒店），其中门票是属于标准配置，旅游度假类中的跟团、向导、自由行、一日游服务为非标准配置。门票OTA代理的占绝大部分，少部分是零售的模式。

在门票购买业务中，首选景区、演艺公司的官方在线服务工具，如微信服务号、小程序、微官网等，其次选择门票销售平台，如美团网、同程旅行、大麦网等。通过不同平台购票除了对比价格外，还要重点参考退改签政策，以保障自身权益。

（1）景区门票：同程旅行。

同程旅行是专业的一站式旅游预订平台，为用户提供交通、住宿、景点门票预订及各种配套增值旅游产品及服务。

（2）演出门票：大麦网。

大麦网是中国知名的现场娱乐产业综合服务提供商，业务覆盖演唱会、话剧、音乐剧、体育赛事、曲苑杂坛、亲子、展览休闲等多个领域。

（二）同业资源采购数字化工具

对于打包产品而言，旅游同业平台提供的服务更丰富，具有更高性价比和专业的服务团队，更适合团队集中采购，主要的同业平台有八爪鱼、房掌柜、道旅等。

1. 八爪鱼

八爪鱼平台助力于采用标准化流程体系打造智慧旅游科技。八爪鱼平台拥有"小八助理"手机客户端、"章鱼好嗨游"微信小程序等旅游产业链科技工具。八爪鱼在线旅游综合交易平台主营旅游业务，产品涵盖周边短线、国内长线、出境旅游、自由行、机票预订、租车、门票等全线旅游产品。

2. 房掌柜

房掌柜由深圳市捷旅国际旅行社有限公司开发，该公司专注于酒店行业的客房分销业务及酒店预订信息化平台建设，打造了业内领先的酒店 B2B 分销平台。

3. 道旅

道旅是以科技驱动的旅游分销服务商，致力于用科技手段连接供应端和需求端。通过一站式的采购平台及先进的 API 技术，为全球超过 23 000 家旅游买家提供来自全球的旅游服务项目资源，包括酒店、机票、目的地碎片化产品等。

四、智能管理数字化工具

旅行社等企业运用管理系统对业务进行管理，可以更好地管理客户信息、旅游计划、行程安排等，从而更有效地为客户提供个性化的定制游服务，还可以根据客户的需求和偏好，为他们制定出一系列旅游计划，包括景点游览、交通和住宿安排等。

现代旅行社管理系统可以快速、准确地对旅游市场进行分析和预测，从而为旅行社等企业提供有效的市场信息，协助旅行社等企业对目标客户进行分析，以便更好地推出旅游产品，还能够帮助旅行社等企业加强对旅游者行程的调整和跟踪，确保旅游者出行的安全和顺畅。

工作任务一　行程规划工具的选择和运用

★ 任务引入

一个定制旅游团需要从北京出发，到华东六市（上海、苏州、杭州、南京、扬州、无锡）进行为期 6 日的游览，要求游览的景区和行程特色如下所述。

1. 行程涵盖城市和景区

（1）上海市，登金茂大厦、夜游黄浦江。

（2）苏州，游览留园、夜宿周庄，欣赏古戏台昆曲表演，乘游船游览苏州古运河。

（3）南京，游秦淮河风光带—夫子庙商业街，游中山陵。

（4）扬州，体验扬州早茶、千秋粉黛表演，游览瘦西湖。

（5）无锡，游览三国城。

（6）杭州，游览西湖风景区、观看宋城千古情表演，夜宿乌镇。

2. 行程特色要求

（1）夜宿两晚水乡，乌镇和周庄。

（2）游览两个园林，瘦西湖和留园。

（3）看两场演出，扬州小调千秋粉黛、古戏台昆曲表演。

（4）赏两大夜景，苏州古运河、上海黄浦江。

（5）体验扬州早茶。

请根据旅游者的需求，对定制旅游产品的节点进行布局，并规划行程游览时间及各个要素的衔接。

任务分析

定制旅游产品行程规划在节点布局、游览时间分配及各要素衔接上要科学合理，要完成以上任务，需要掌握各种旅行策划数字化工具的使用方法，并能根据定制旅游产品行程规划的有关知识，制定具体方案。

知识链接

定制旅游产品行程规划需要获取大量的旅行资讯。随着信息技术的发展，尤其是依托互联网、移动互联网等的发展，旅游者、旅游从业者通过多个渠道获取旅游资讯、规划旅游行程、订购旅游产品、进行服务对接成为可能，并逐步成为旅游活动组织和实施重要的支撑。紧密联系、无缝衔接、动态调整越来越便捷。但是，旅游行程规划依然面临诸多障碍。

旅游行程规划主要依赖旅游六要素信息的充分掌握，方能做出符合旅游者个性化出行需求的产品。一般情况下，需要解决资讯、空间、时间、安全、交流等方面的障碍。

（1）资讯阻隔。了解旅游目的地资讯是首要任务。准确地获取旅游目的地的有效信息，准确地掌握旅行过程中的各类资讯，是旅游行程规划中面临的最大障碍。

（2）空间障碍。对于旅游者来说，如何合理地整合各类交通资讯，通过智能化工具便捷地购买交通服务，顺利地乘坐交通工具到达目的地，是一个重要挑战。

（3）时间障碍。出行过程中受限最严重的是游览的时间，游览时间关乎旅游体验，因此在有限的时间内应尽量保障游览的时间。

（4）安全障碍。通过各种智能工具，让旅游行程安排完全铺陈在旅游者面前，让旅游者感受到旅游过程中的身心安全及交易安全，是旅游行程规划成功的关键。旅游一般都是先付费后体验，在预订、购买的过程中，要保证交易环节的安全，要保证产品的可信度，要保证资金的安全性，还要保证个人信息的安全性，交易环节的安全需要完善的交易安全保障体系来实现，以免除旅游者的后顾之忧。

（5）交流障碍。交流是旅游过程中全面了解目的地、完成旅游过程、提升旅游体验的最重要手段。然而，无论是面对面的语言交流，还是非见面的其他沟通模式，任何交流都存在着一定的障碍。在旅游过程中，旅游者和陌生人的交流存在着语言体系不同、语言环境不同、交流习惯不同、表达方式不同等种种障碍。

旅行策划中要解决旅游者面临的种种障碍，核心是通过有效的信息组织方式，解决旅游者旅行过程中信息获取不畅的问题。

值得注意的是，从早期的门户网站上汇聚各类旅游资讯，到各类旅游企业、旅游管理部门纷纷将旅游信息上网，再到后来的 OTA 运作，以旅游电子商务为主的旅游网络商务体系的发展，到现在的各类旅游资讯爆炸式发展，使得旅游者有了充足的信息来源。当然，也带来了新的问题。

（1）信息产生方式多元化，可信度存疑。传统媒体的信息产生方式主要是媒体编辑人员进行内容采集、编辑，而随着 UGC（用户产生内容，user-generated content）体系的建设，互联网上每个人都可以成为信息提供者、编辑者和发布者，在人人可以发声的互联网平台上，开始产生海量信息。但是很多信息在时效性、真实性等方面存在较大问题。

（2）信息量急剧增长，信息过度冗余。互联网平台信息生产、传播不受传统媒体信息传播中时间、版面限制，理论上可以无限量发布各种信息。同一信息被直接或者修改后转载在不同平台上，致使信息重复出现，形成了过度冗余的现象，造成了信息海洋的无边无际，伪信息爆炸成为不可避免的事实。

（3）过度追求视觉冲击，淹没了信息的真实性。正是因为海量信息的存在，移动互联网时代碎片化时间运用的独特方式，促使读者形成了快阅读的习惯，导致新媒体传播片面追求视觉冲击。视觉冲击有两个方面的含义：一个是以色彩、图片等表现形式直接冲击读者的视野；另一个是以夸张、视角独特的语言组织方式，以文章标题的方式刺激读者的阅读神经。很多读者无暇顾及信息内容的全面性与层次性，仅仅凭借视觉的刺激就产生简单的是非判断，对信息真实性、本源性的思考不深。

互联网信息的无序化发展与旅游产业快速发展、旅游业态不断变化的现状交织融合，使得旅游者在旅游过程中越来越感到迷惘，旅游产业也受到一些负面的影响。旅游资讯应用于旅行策划，需要具备真实性、时效性、客观性、全面性等特征，才能发挥快速供给、精准对接的价值，满足旅游者出行参考需要，满足产业发展助推需要。为了更精准获取旅游资讯，以便高效地进行定制旅游产品行程规划，获取旅游资讯应遵循以下原则。

（1）真实性。旅游资讯必须是真实的，才能作为依据。要确保信息的真实性，主要看信息源，以官方平台发布为准，以商务平台发布为参考，以得到验证的 UGC 信息为辅助。

（2）时效性。旅游是时效性强的活动。沉淀于互联网及各种平台的旅游资讯纷繁复杂，必须从中获取具有时效性的内容，方能作为旅行策划的依据，对于过期、失效，甚至陈旧的信息要严格甄别，以免做出不切实际的规划。

（3）客观性。旅游资讯的发布者出于各种考量，可能会失去客观性，即便没有主观意识的参与，发布的信息也可能随着时间推移失去其客观性，因而，应谨慎判断信息的客观性。

（4）全面性。旅行策划本质上是在有限的时间、空间及预算额度范围内根据旅行目的所做出的针对性的行程计划，支撑资讯必须具有全面性，以便于在策划过程中进行合理地选择、使用，所以资讯获取必须全面，以免偏颇。

随着互联网的普及，数字经济的快速发展，以及全民上网的实现，旅游资讯的来源渠道越来越多，各有优点，也各自面临着诸多的问题。定制旅游产品生产商应熟知各类旅游资讯获取平台，并能熟练地将其运用于产品设计业务流程中。以下为较为常用的旅游资讯获取平台。

（1）门户网站的旅游频道。这是旅游资讯最早在互联网平台公开发布的渠道，是了解旅游目的地的重要平台，其上有网站编辑搜集的各种目的地资讯，也有博主自己的旅行见闻、游记等。其主要存在的问题是仅展示旅游资源，为广播式传播，根本目的在于丰富网站内容，传播旅游感受（在论坛中小范围传播）；资讯较碎片化，缺乏体系性。

（2）官方新媒体。旅游目的地、景区、酒店、饭店、演艺等企事业单位目前一般都开通了官方新媒体平台，诸如官网（微官网）、微博平台、微信平台、短视频平台等，都会发布企业经营和服务信息。其中的资源介绍信息一般较全面，表现形式也具有多样性，诸如会用文字、图片、视频、地图（手绘地图）、VR 全景等多种信息化手段进行展示和介绍，能够带来较为丰富的资讯。在门票销售等服务信息方面内容更是具有与闸机对接的功能，服务体验较好。主要问题在于所有的图文都是精心编辑过的，选取最佳季节时段、最佳视角，带有一定的"美颜滤镜"，且一般更新较慢。

（3）专门旅游资讯服务平台。该类网站、App 的开发就是以旅游资讯提供、旅游产品销售为目的，且建有官方资讯发布与开放式论坛、问答等多种板块，汇聚旅游目的地全方位的信息，因为有旅游者体验内容的发布，因而能够提供全面、客观且多视角的旅游资讯。主要问题在于信息冗余，另外就是很多信息充满主观色彩，需要资讯使用者进行充分的分析与整理。

（4）旅游产品交易平台。在线电子商务为旅游产品的交易提供了便利，OTA、传统旅游企业的在线营销等内容为旅游者购买旅游产品、规划旅游行程提供了便利，使得自助旅游变得简单、可控。平台上旅游资讯较为丰富，也有较高的时效性。主要问题是内容出自经营者，以营销为目的，在一定程度上存在着主观性、片面性。

一、选择和运用合适的工具规划定制旅游产品的行程节点

（一）交通节点规划

1. 乘坐飞机需要掌握的信息及使用的工具

拟以飞机作为大交通工具时，可以通过任何一个机票销售平台（如携程旅行网、航空公司官网等）来了解出发地和目的地之间的航次安排、飞行时间、起落时间等影响具体行程安排的信息，通过比价平台（如去哪儿网）来确定大致的机票价格，并且了解机票的退改签政策，通过城市地图导航软件（如高德地图）去了解机场到集合地或者第一站旅游点的距离，还要通过天气预报软件（如墨迹天气），了解出发地和到达地两地的天气情况，因为飞机较易受到大风、雨雪等天气的影响，出现变更起落时间的情况。

2. 乘坐火车需要掌握的信息及使用的工具

拟以火车作为大交通工具时，一般可以通过 12306 官方平台来确定出发地和目的地之间的车次、运行时间、出发和到站时间等基本信息，对比高铁、动车和普通列车之间的时间差别，不同车票类型和等次之间的价格差别等，要了解铁路售票的开售时间、车票的退改签政策，并通过城市地图导航软件了解火车站到达集合地或者第一站游览点的距离。

3. 乘坐其他交通工具需要掌握的信息及使用的工具

选择轮船、长途汽车等作为大交通工具的，如长江游览中重庆到宜昌的邮轮，可以通过携程旅行网的"车票·船票"模块进行查询。在明确起止地点的情况下，也可以到游船公司的官网查询，同样重点关注班次、运行时间、出

发和终到时间等基础信息，还有船舱等次、价格、退改签、中途登陆政策等详细信息。

一般会在飞机、火车不能直达的情况下选择乘坐长途客车，同样可以通过省交通客运公司的官方平台或者携程旅行网、12306 平台进行汽车票的查询，关注信息同火车一样，包括班次、运行时间、出发和终到时间、价格等。轮船和汽车同样要考虑从码头 / 车站到集合地点或第一站游览点的小交通时间。

轮船和汽车同样容易受天气的影响，因而，需要通过天气预报软件时刻关注天气的变化情况。

（二）城市节点规划

1. 按城市空间布局初定游览顺序

对于涵盖多个城市的旅游线路，在行程策划中遵循不走回头路、一个城市只游览一次的原则，基本游览顺序可以使用电子地图工具来确定。一般而言，3 个以上城市的移动路径，可以按照距离两两相连构成一个环线，沿着这个环线可以初定游览顺序。在数字化工具运用方面，可以在导航软件中输入几条线路中涵盖的城市，查看城市布局，初步确定游览中的城市顺序的几种情况。

2. 按照交通里程和通行时间确定游览顺序

初定的城市游览顺序只是考虑了城市的空间布局，并没有考虑两座城市间的交通路网情况，因而，在接下来的游览顺序调整中，要根据实际的交通路网情况，用交通里程、通行时间两个基本数字作为依据，来调整游览顺序，以实现效益的最大化。

经过地图导航，如果是环形路网，则按照先近后远的顺序，或者先远后近的顺序做布局均可，具体确定游览顺序需要根据各市区内景区的布局和游览时间来最终确定，以实现时间的合理分配。

3. 按照景区游览时间，最终确定游览城市顺序

一般而言，每个城市都会游览至少 1 个景区，一般包括 2 个以上游览项目。确定每个游览景点（项目）需要的时长，再根据景点（项目）间的区域交通用时，计算出整个城市需要停留的时间，并以此为依据，结合两座城市间的交通运行时间，最终可以确定城市游览顺序。当在一个城市游览时间较长时，一般选择在这个城市住宿，或者选择离该城市最近的下一个城市停留。反之，如果在一个城市游览时间较短，则可以把当日的其余时间用于相隔较远城市间移动。

确定每个景区（项目）的游览时间，一般可以参考各景区的官方平台提供的信息，同时结合游记、攻略平台中用户发布的游览信息进行综合评定。对于表演项目，主要依据官方发布的开演时间、表演时长、等待时长等信息进行测算。

二、选择和运用合适的工具规划定制旅游产品的要素衔接

在游览过程中，一天内会涉及的要素为：以住宿酒店为起点，到达第一个游览景点（项目），然后到达第二个游览景点（项目）、第三个游览景点（项目）……接下来是用午餐（远程迁移也可能会先用午餐），用餐后继续游览景点（项目），至傍晚用晚餐，晚餐后可能有夜游项目，最后送至住宿酒店入住，结束一天行程。

根据这样的日程安排，需要结合景点（项目）游览时长、小交通用时、用餐时间等几个因素，来确定当日的出发时间、用餐时间，在景点（项目）、用餐地点都已定的情况下，主要考虑顺序的编排问题。

要素衔接的核心逻辑是实时掌握各个旅游要素的情况。获取即时动态旅游要素资讯，是做好要素衔接的核心。一般而言，可以通过 3 个渠道获取相关信息：一是主动联络要素运营方获取动态信息；二是通过要素运营方官方渠道发布的信息获取要素运行动态，如通过官网、微博、微信公众号发布的公开信息；三是通过旅游者发布的即时信息，侧面了解要素动态信息，如旅游者在公开平台发布的信息，包括游记攻略，基于位置发布的动态，甚至是现场直播等。

⊛ 任务实施

华东六市 6 日游产品，从北京出发，在南京接团并且在南京送团，指定了游览城市、游览景点、体验项目，需要根据实际情况进行该产品交通节点、城市节点、景区节点规划及产品要素衔接规划。

一、产品行程节点的规划

（一）交通节点的规划

根据游览要求，考虑到大交通的稳定性和运行时间，通过 12306 平台，查询对比铁路运输和飞机运输的情况，考虑价格、市内交通等综合因素，可以确定选择乘坐高铁，并且考虑到中午用餐等问题，确定将 7 点从北京出发的高铁作为首选（见图 3-1）。

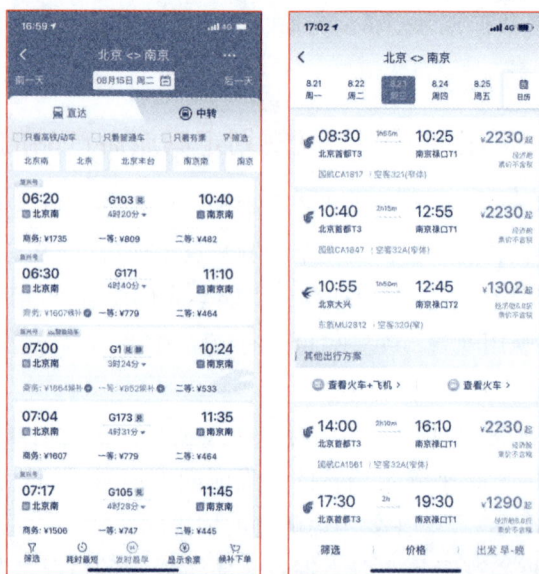

图 3-1　高铁及航班对比图

（二）城市节点规划

考虑旅游行程涉及的 6 个城市，通过导航地图，推荐的最佳路线为：南京—无锡—苏州—上海—杭州—扬州—南京，这是一个比较标准的环线设计，不走回头路。

（三）景区节点规划

1. 南京市景区节点规划

在南京市游览夫子庙景区和中山陵景区。经地图查询，可以看到两个地点的相对位置，考虑到南京南站接客人，依据就近、顺路（不走回头路）的原则，一般可以先游览中山陵景区，再游览夫子庙景区。

2. 扬州市景区节点规划

扬州市游览的景区有千秋粉黛演艺、瘦西湖两个游览项目，以及品扬州早茶的体验项目，因而，根据地图地理位置显示，可以在千秋粉黛演艺剧场，边体验早茶边看演出，之后出发游览瘦西湖。

按照南京、扬州的游览顺序逻辑，结合电子地图和行程耗时等，可以确定其他城市的游览顺序。

二、产品要素衔接规划

产品要素衔接规划时，餐饮、住宿的时间安排应遵循一般作息习惯，因而，在时间节点上是相对固定的，即 8 时左右出发，12 时左右用午餐，18 时左右用晚餐，如果有夜游项目的话，根据具体情况在 22 时前入住酒店，如果没有夜游项目安排，一般晚餐后 19 时左右入住酒店。因而，要素衔接中应重点考虑的是景点（项目）的游览（游玩）时间和两个要素间的行程用时。游览（游玩）时间的确定，对于初次到访的旅游目的地，可以通过景区官网的建议游览时间或者通过旅游者的游记攻略结合旅行一般规律来确定。在此基础上，可运用导航软件确定衔接时间。

思考与练习

定制旅游产品生产商在设计单日行程时，各个旅游产品构成要素的衔接应尽量紧密，力求达到时间利用最优化。试举例分析定制旅游产品生产商如何用智能旅行工具设计精确的旅游产品构成要素衔接方案。

拓展阅读：一窥到底！看生成式 AI 助手如何为你规划一场完美的度假旅行

工作任务二　资源采购工具的选择和运用

任务引入

某定制旅游团队第一次到杭州旅游，游览时间为 2 天，在杭州住宿一晚，需要采购当地的餐饮、住宿、游览景区和夜间休闲项目，旅游服务项目须具有如下所述的江南特色。

（1）行程中游览景区体现典型江南特色。

（2）住宿要求时尚型精品酒店。

（3）品尝当地特色菜肴。

（4）安排晚上的夜间休闲项目。

请根据旅游者需求，采购该定制旅游产品的旅游服务项目资源。

任务分析

该行程任务整体要求具有典型江南特色，并无具体指定的景区、餐饮和酒店，因而，可以考虑将小桥流水、粉墙黛瓦、江南园林和都市慢生活结合起来，并将江浙饮食放在其中，将杭州最著名的演艺节目和环境融合其中。

📤 知识链接

一、选择和运用合适的网络平台工具对接游览资源供应商

（一）通过官方平台了解景区基本情况

了解一个旅游目的地的景区，一般会从旅游目的地旅游管理部门的官方平台（网站、公众号、视频号等）获取景区基本信息，如景区的质量等级、资源特色、景区配套设施、门票价格等。

（二）通过门票预订销售平台了解景区感观体验

一般通过景区门票预订销售平台的综合评分了解该景区的旅游者综合感观，再通过旅游者评价内容可以大致了解该景区具体的优点和缺点，以及季节性特色、体验活动等。

（三）通过游记攻略平台了解景区游览体验

对于要深入了解的景区，可以在马蜂窝、穷游网等游记攻略平台搜索旅游者的具体游览记录，通过综合分析旅游者发布的各种游览信息全面了解景区的特色项目、体验活动及参与感受等，掌握游览时长、游览线路及重点游览内容等。

（四）通过短视频／直播平台了解景区实况效果

通过抖音、快手、微信视频号等短视频平台查询旅游者发布的游览视频信息，了解景区的游玩氛围等情况，以便梳理更为全面、细致、翔实的信息。

知识卡片

智慧景区的建设内容

智慧景区是以旅游大数据为基础，以云计算、物联网、移动互联等新一代信息技术为支撑，对旅游资源、旅游服务和旅游环境进行全面感知、泛在互联、智慧应用和精准服务，为游客提供全方位的旅游体验，并将其作为景区发展的战略目标，建设"数字化、信息化、智能化"的新型景区。

智慧景区建设内容主要包括以下几个方面。

1. 智能化导览系统

通过利用互联网、移动应用和导览设备等技术手段，为游客提供实时的景点介绍、游览路线规划、语音解说等服务，提升游客的游览体验。

2. 智能化安全监控系统

利用视频监控、人脸识别、智能报警等技术手段，对景区内的安全状况进行实时监控和预警，确保游客的人身安全。

3. 智能化票务管理系统

通过智能票务系统，实现在线购票、电子门票、自助取票等功能，提高票务管理的效率和便利性。

4. 智能化环境监测系统

利用传感器、数据采集和分析技术，对景区内的空气质量、水质状况等环境参数进行实时监测和评估，为景区管理者的科学决策提供依据。

5. 智能化服务系统

通过智能机器人、语音识别、虚拟现实等技术手段，提供游客问询、语音导览、虚拟游览等服务，增强景区的智能互动性和娱乐性。

6. 智能化交通管理系统

通过智能交通信号控制、车辆识别、停车引导等技术手段，实现景区内交通的智能化管理，解决交通拥堵和停车难等问题。

7. 数据分析与应用

通过大数据分析和挖掘技术，对游客的行为偏好、消费习惯等数据进行分析，为景区的市场营销和运营提供决策参考。

（资料来源：根据网络资料整理）

二、选择和运用合适的网络平台工具对接餐饮、住宿资源供应商

（一）对接餐饮资源供应商

（1）通过电子地图软件获取餐厅区位。为了与景区、演出场所、酒店等要素衔接，一般就餐地点的选择应通过电子地图软件划定一个范围，在这个范围内确定备选餐厅。

（2）通过城市生活服务平台获取餐厅口味特色。一般的城市生活服务平台都可以提供餐厅的特色、口味、价位等基本信息，也能够通过点评模块了解餐厅的服务水平、菜品情况等信息。

（3）通过短视频平台获取用餐环境和服务态度等信息。对于具体餐厅的环境通过文字图像了解信息不够充分，通过短视频平台则可以获取较多的信息，尤其是餐厅环境布局、卫生状况、服务态度等。

（4）通过游记攻略平台了解周边配套信息。用餐和周边短时间的碎片化游览可以配合进行，在餐前餐后进行适度休闲体验，因而，游记攻略平台中旅游者分享的游览经验可以作为重要参考。

（二）对接住宿资源供应商

（1）通过电子地图软件确定酒店大致范围。一般酒店的选择会与其他要

素相衔接，也要考虑第二日行程，设置在衔接第二日第一段行程的起点较佳。通过电子地图软件可大致圈定范围，在范围内进行进一步选择确认。

（2）通过OTA平台查看酒店的详细信息。一般OTA平台会有酒店的详细介绍，包括星级档次、价格、房型及内部配套设施等，也会提供图片或者全景展示，平台会对酒店整体氛围、设施设备、房间布局等进行详细展示，可以通过这些信息将合适的酒店列入备选范围。

（3）通过OTA平台的留言点评了解服务状况。一般OTA平台都会设有点评板块，可以详细了解入住客人对酒店的评价，可以从中了解酒店的新旧程度、装修细节、服务态度、接待能力和其他相关住宿的信息，如周边噪声、光污染等。

（4）通过OTA平台或者酒店官网进行比价、预订。在了解了酒店整体情况，确定备选酒店后，通过不同OTA平台和酒店官网进行价格比较，一般而言，官网会有相对优惠的价格，但是OTA平台也会在促销的时候给予返点等优惠。

知识卡片

智慧客房控制模式

智慧客房在各种设施控制方面经历了遥控器模式、语音控制模式和生物识别模式几个阶段。

1. 遥控器模式

用遥控器代替手动操作，主要加强了对灯光、窗帘的遥控管理，遥控器分多种情况，第一个是物理遥控器，第二个是可以安装在手机中的移动应用（App），第三是集成所有控制功能在一起的床头控制面板或者Pad设备；据统计，在住店客人使用的物品中，遥控器的使用率很低，主要是考虑到卫生问题。而下载App，则存在操作不便的问题，使用受到一定的限制，除非是连锁经营的酒店，对于经常住店且品牌忠诚度高、常入住同一连锁酒店的住客便捷度较高，对于偶尔住宿且经常变换酒店的客人来说，增加了使用成本，因此，这一模式也较难推行；床头面板则受空间限制，存在不便；集成所有服务功能的Pad相对来说对客人更友好一些，但是存在投入成本高、维护成本同样高的问题。

2. 语音识别模式

目前主要使用的类型，通过语音识别系统收集住客房间内部服务需求，主要用于控制灯光、窗帘、电视、音响、空调等设施设备。但是在语音控制方面，面临着一些住客的质疑，因为语音识别要求声音捕捉系统时刻待命，捕捉唤醒指令，这就存在着全程收集住客语音信息的可能，对于对隐私保护要求很高的住客来说，存在着隐私泄露的风险，因而，部分住客选择不入住这样的智慧客房。

3. 生物识别模式

对入住客人是否在房间里进行识别，同时对客人的习惯进行记录，自动根据客人的偏好进行灯光、窗帘、空调、音响等内容的设定，同样适用于品牌忠诚度高的住客。该模式在酒店客房的节能方面也有很大的帮助。

（资料来源：根据网络资料整理）

三、选择和运用合适的网络平台工具对接休闲、娱乐资源供应商

（一）通过官网、游记攻略平台获取休闲娱乐项目资讯

一般而言，可以通过旅游目的地文化和旅游管理部门的官网、景区官网获取有代表性的休闲娱乐项目资讯。通过游记攻略平台旅游者的游览经历和体验，获取散落在各地的小规模休闲娱乐项目信息，汇总后根据筛选原则确定采购对象。

（二）通过点评网站、游记攻略平台获取休闲娱乐项目

对于备选范围内的休闲娱乐项目，可以通过点评网站查看观众对该项目的详细评价，包括环境、内容、服务等，通过游记攻略平台获取相关项目在游览过程中的编排顺序，最终确定合适的备选项目。

（三）通过官网、OTA 平台、演出票务平台预订购买休闲娱乐项目

通过官网、OTA 平台和演出票务等平台对演艺产品的价格和服务进行比较，可以选择性价比较高的平台进行预订购买。

🔾 任务实施

一、对接游览资源供应商

（一）通过官网框选备选景区

通过平台搜索，找到并打开杭州文旅官网"杭州市文化广电旅游局资讯网"，在"旅游攻略"板块的"体验杭州"栏目中，将杭州的古镇水乡、千年名刹、古典园林等景区尽收其中，初步筛选游览目标。

对所列景区和博物馆，对照电子地图标注其位置，参考其占地面积估算游览时间，初步可以筛选具有杭州特色的西湖景区（环湖）、运河景区、西溪国家湿地公园、小河直街、云栖竹径、胡雪岩故居、岳庙等景区及浙江省博物

馆、南宋德寿宫遗址博物馆等备选景区。

（二）通过 OTA 平台的评价信息缩小备选范围

以西溪国家湿地公园为例，打开携程旅行网 App，在攻略景点板块搜索"西溪国家湿地公园"，会看到根据用户访问量和点评量综合计算后得出的当前该景区的热度，值为 8.2，用户评分为 4.6（满分为 5 分），可以认为该景区比较受欢迎。再看具体点评意见，"值得再来""景色优美""公共交通方便"的评价较多，则印证了旅游者对该景区的综合评价较高。再看"图片 / 视频"，通过平台和旅游者上传的图片、视频浏览景区的实景，视觉效果良好，通过旅游者上传图片的时间分辨，该景区不同季节有不同的特色，四季皆可游览。

用同样的方法，可以将评分较高且在杭州市区范围内的杭州运河景区、胡雪岩故居、西湖景区（环湖）等筛选出来备选。

（三）通过游记攻略、短视频等平台精选景区

在确定了若干个景区后，在马蜂窝或者穷游等游记攻略平台上搜索相应的景区，对旅游者的实地体验情况及游览时长、景区间衔接进行汇总分析。例如，对于西溪国家湿地公园的游览，在平台上就有二日游玩法、一日游玩法、半日游玩法，最短的是 2 小时的玩法，并且都附有详细的游玩线路，根据本次行程设计的要求可以选择 2~3 小时或半日游的玩法。

用同样的方法，可以确定杭州运河景区的游玩路径和游玩时间，大致可以确定为游览时间在 2 小时至半日及夜晚休闲漫步两种玩法；可以确定胡雪岩故居的玩法在 2 小时左右，西湖景区（环湖）在 3 小时左右。

二、对接餐饮和住宿资源供应商

（一）对接餐饮资源供应商

1. 通过官网备选餐饮菜肴

在杭州文旅官网"杭州市文化广电旅游局资讯网""旅游攻略"板块的"体验杭州"栏目中，美食板块有"经典杭帮菜""特色风味""百县千碗"3 个内容，选"经典杭帮菜"，里面列举了东坡肉、叫花童鸡、龙井虾仁、西湖莼菜汤、西湖醋鱼、油焖春笋等经典特色菜，同时在"特色风味"中有宋嫂鱼羹、腌笃鲜、猫耳朵等特色菜肴或者点心，都可以列入备选范围。

2. 通过点评平台选择菜肴

对于餐饮菜肴的选择，较景区的选择而言要相对简单，在大众点评网这类平台中有较为详细的推荐指数及评分，只要根据需要来确定就可以了。

打开点评平台，在搜索框中输入"东坡肉"，在分类标签中选择笔记，可以看到消费者专门为东坡肉所做的推荐信息，包括做法视频、菜肴视觉效果展示和品尝体验等，里面也包含了对销售该菜肴的商家的推荐，可以在里面筛选商家，作为备选，与后面筛选的菜肴推荐商家做合并处理，是餐厅备选范围确定的一种方法。

在点评平台中，也可以选择"榜单"分类，其中直接推荐了提供相关菜肴的商家及商家的推荐排名。

其他菜肴的选择方法一致，只需根据每餐的配餐合理安排即可。

3. 结合电子地图确定餐厅

根据上述操作，大致可以确定菜肴和推荐的备选餐厅，点开商家页面，会有该商家的具体地址，点击地址则会跳转到电子地图，并且在其中已经明确标注了商家的位置。

根据备选商家的位置，结合游览的景区位置，可以确定选择用餐的具体商家。如在西湖景区（环湖）游览结束后，可在杭州酒家（延安路店）和九甲里·创意杭帮菜（河坊街店）等附近店餐厅选择，一般情况下不会选择相对位置较远的餐厅。

（二）对接住宿资源供应商

1. 通过 OTA 平台选择酒店

一般而言，酒店的选择相对景区和餐饮而言较为便捷，主要是 OTA 平台对酒店信息的收集更为全面和翔实，只要在相应的平台中输入星级、价位等基本信息后，再选择商圈、行政区划等内容即可获得推荐列表。

例如，在 OTA 平台选择国内酒店，入住城市为杭州，再根据推荐页面的热搜关键字、品牌、商业区、景区等进行逐个选择即可缩小备选范围。

最后，在选定的酒店范围内，再进一步查看旅游者的评价信息，结合价格，选择性价比较高的酒店进行询价，之后确定即可。

2. 通过游记攻略选择酒店

对于非成熟旅游城市的酒店选择，可以先通过游记攻略平台来借鉴已经游玩过的旅游者的选择，根据住宿体验和行程衔接方式，框选出酒店的范围。

对于框选出的酒店，再结合 OTA 平台选择酒店的方法进行详细筛选即可。一般而言，如果要选择连锁品牌酒店，也可以在相应酒店的官方平台进行查询、选择，在价格方面可能会有更多优惠。

三、对接休闲娱乐资源供应商

（一）通过 OTA 平台选择休闲娱乐项目

目前，大多数成熟的旅游目的地都在开发具有地方特色的休闲娱乐项目，这类产品可以在 OTA 平台进行查询。

例如，在携程旅行网的"门票 / 活动"栏目下选择"演出剧场"全部剧场，则会搜索出杭州的演出活动信息，按照评分，有印象西湖《最忆是杭州》、宋城千古情、如梦上塘和今夕共西溪等休闲娱乐演出。选择一个演出，打开点评页面，可以看到旅游者的笔记，其中有图片和视频的介绍，可以作为参照，以供缩小演出选择范围之用。

（二）通过游记攻略平台确定演艺休闲产品

对于规模较小或者相对小众的旅游目的地，可能没有大型且成熟的演出剧场，休闲场所的选择可以参照旅游者的游记攻略中体验过的休闲方式，来选择演艺吧、酒吧、茶吧或者其他的休闲场所。可以在点评平台中查看这些场所的环境信息，也可以在短视频平台中获得这些场所的信息，需要详细比对后确定选择。

对于杭州而言，众多的茶馆、酒吧都可以选择，根据行程路线和时间安排，选择合适的地点即可。

思考与练习

旅游景区门票销售渠道众多，旅游产品生产商为了得到更大的优惠力度可以通过多个渠道做价格比较。试举例分析旅游产品生产商应如何进行不同销售渠道比价并购买性价比较高的旅游景区门票。

拓展阅读：虚假预订纳入监管，在线旅游戴上"紧箍咒"

工作任务三　智能管理工具的选择和运用

任务引入

某定制旅游产品生产商要选择智能管理工具对旅游要素、旅游供应商和客户关系进行管理和维护。请根据该生产商的要求，提供选择和运用智能管理工具的思路。

任务分析

定制旅游产品生产商选择和运用智能管理工具，应该从内部协调和外部对接两个维度考虑，明确智能管理工具的基本功能以及涉及的旅游要素管理、供应商管理和客户关系管理等关键因素，以便采购或者独立开发适合产品运营的智能管理工具。

知识链接

服务于产品运营的智能管理工具应具备旅游要素管理功能、旅游供应商管理功能、客户维护功能。具体如下。

1. 旅游要素管理功能

定制旅游产品由于具有较强的个性，需要采购的资源类型多样，并且具有分散灵活、规模较小等特点，旅游要素管理功能可以对各种要素进行全方位的管理。

2. 旅游供应商管理功能

定制旅游产品生产商需要及时对接各个旅游供应商，需要强大且反应快速的系统来实现相应的功能。

3. 客户维护功能

定制旅游产品生产商需要通过建立客户关系管理系统来对客户信息进行收集、整理和分析，以便分析潜在客户群和挖掘市场需求，及时把握商机和占领更多的市场份额。因此，基于应用的智能管理平台系统应至少具备旅游要素管理系统、旅游供应商管理系统和客户关系管理系统3个子系统。在选择和运用智能管理平台系统时，考虑到产品运营提质增效的需要，应重点关注以下因素。

（1）核心功能。具备产品预订、管理产品库存、管理价格和客户信息等核心功能，以及创建、编辑和发布旅游行程的功能。

（2）多渠道销售支持。选择能够对接、支持多渠道销售的智能管理平台系统，应包括B2B和B2C客户，确保平台系统可以处理直接预订、代理商预订、合作伙伴预订等不同类型的交易。

一、选择和运用智能管理平台系统管理旅游要素资源

（一）旅游要素管理系统的基本功能

旅游要素管理涉及食住行游购娱等要素管理，因而，该系统应具备旅游目的地景区管理、交通管理、住宿管理、餐饮管理、休闲娱乐项目管理等功能。具体如下。

1. 具备旅游目的地景区管理功能

系统需要具备添加和管理各种旅游目的地景区的功能，包括景区的详细介绍、景观图片、门票价格等。

2. 具备交通管理功能

系统需要具备添加和管理各种交通方式（如飞机、火车、汽车等）及其

时间表和价格的功能。

3. 具备住宿管理功能

系统需要具备添加和管理不同类型和价格的住宿设施的功能。

4. 具备餐饮管理功能

系统需要具备添加和管理不同类型和价格的餐厅、特色菜肴的功能。

5. 具备休闲娱乐项目管理功能

系统需要具备添加和管理不同类型和价格的休闲娱乐项目的功能。

6. 具备供应商管理功能

系统需要具备维护与各供应商（如酒店、旅行社、餐厅等）合作关系的功能。

（二）选择和运用旅游要素管理系统的关键因素

1. 具有移动设备兼容性

为便于及时掌握旅游要素采购及使用情况，便于临时调整产品配置，旅游要素管理系统要具有良好的兼容性，最好有 App 支持，以便及时对接行程。

2. 具备一键预订核销功能

旅游要素的使用是与旅游过程同步发生的，预订具有前置性，但是使用具有即时性和临时性，因而旅游要素管理系统应具备一键对接预订及核销功能。

3. 具备地理定位功能

旅游消费和服务过程是基于位置发生的，因而，系统根据旅游者的定位合理展现和推荐旅游要素显得尤为重要。

4. 具备多语言和多货币支持功能

对于国际旅游产品而言，多语言和各种货币的转换选项是必需的。

知识卡片

在线标注在旅游业中的应用

在电子地图中标注旅游要素资源的具体区域位置对旅游业的服务、营销和管理都有较高的价值，便于游客从中获取导航服务、信息预览等各种资讯，也便于旅游企业开展基于位置的营销等工作。

旅游要素区域位置标注主要有以下几种类型。

1. 旅游景点标注

在旅游地图或导览图中，使用区域位置标注来标记各个旅游景点的位置，便于游客可以更容易地找到自己感兴趣的景点，并规划行程。

2. 酒店、餐厅、购物场所标注

通过将酒店、餐厅、购物场所等不同类型的服务设施标注在地图上，游客可以方便地找到满足自己需求的场所。

3. 交通标注

区域位置标注用于标记交通设施，如机场、车站、港口等，有助于游客了解不同交通方式的站点位置，方便其进行交通规划。

4. 自然景观标注

旅游地图中的区域位置标注用于标记自然景观，如湖泊、山脉、森林等，便于游客参考和欣赏。

5. 活动场所标注

例如，体育馆、音乐厅、剧院等娱乐场所可以通过区域位置标注在地图上，游客可以查看活动时间和地点，购买相应门票。

6. 当地文化特色标注

通过使用区域位置标注，游客可以更容易地找到当地的文化特色场所，如博物馆、历史遗址、传统手工艺品工坊等。

总之，区域位置标注在旅游业中的广泛应用，可以使游客便捷地通过电子地图定位并了解旅游目的地的各种信息，为游客提供更好的旅游体验。

（资料来源：根据网络资料整理）

二、选择和运用智能管理平台系统管理旅游供应商资源

（一）旅游供应商管理系统的基本功能

1. 具备供应商管理功能

主要包括供应商的添加、编辑、履约和质量评估。

2. 具备合约和价格管理功能

系统允许企业上传和管理供应商合同，包括价格条款，以便跟踪和更新价格。

3. 具备库存管理功能

选择可实时更新库存的系统，以确保企业可以在供应商资源有限的情况下，及时了解情况并做出相应的决策。

4. 具备产品信息管理功能

系统应支持企业更新和管理产品信息。

5. 具备结算和付款处理功能

选择方便处理付款和结算的系统，支持各种付款方式。

6. 具备关系管理工具对接功能

可集成在客户关系管理工具中，以便跟踪和管理与供应商的关系，包括联系方式、沟通记录等。

（二）选择和运用旅游供应商管理系统的关键因素

1. 便于外部对接

该系统应能够与旅游供应商的销售系统对接，或者开放端口给旅游供应商，使之能够将服务项目及时同步到系统，以确保所有旅游供应商提供的服务项目信息具有准确性和即时性，并且能够及时更新价格和库存信息。

2. 便于合作评价

选择具有合作评价功能的系统，以便通过跟踪和分析旅游供应商的表现，辅助寻找最佳旅游供应商并加强与它们的合作。与此同时，通过定期审查，可以找出表现不佳的旅游供应商，并在必要时寻找替代方案。

三、选择和运用智能管理平台系统维护客户资源

在维护客户关系时，可以直接选择和运用客户关系管理系统，以便能够有效提高管理效率。

（一）客户关系管理系统的构成

客户关系管理系统由 4 个子系统构成，即客户合作管理系统、业务操作管理系统、数据分析管理系统和信息技术管理系统。

1. 客户合作管理系统

客户关系管理系统要突出以客户为中心的理念，具备使客户能够以各种方式与企业进行沟通交流的功能。

2. 业务操作管理系统

业务操作管理系统为市场营销、客户服务部门等与客户接触最为频繁的部门提供支持。

3. 数据分析管理系统

实现数据仓库、数据集市、数据挖掘等功能，在此基础上实现商业智能决策分析。数据分析管理系统主要负责收集、存储和分析市场、销售、服务信息，为企业市场决策提供依据，从而理顺企业资源与客户需求之间的关系。

4. 信息技术管理系统

由于客户关系管理的各功能模块和相关系统运行都由先进的信息技术进行保障，因此对于信息技术的管理也成为客户关系管理系统成功实施的关键。

（二）选择和运用客户关系管理系统的关键因素

1. 分类和标签功能

客户关系管理系统需要有较好的分类和标签功能，以便根据需求将客户划分为不同的细分市场。

2. 任务管理和提醒功能

客户关系管理系统需要提供任务管理和提醒功能，帮助团队成员保持组

织性，并确保在关键时刻与客户互动。

3. 与销售系统对接

客户关系管理系统可以与销售系统对接，便于跟踪销售进度，实现从潜在客户到最终交易的闭环，为市场营销提供全面的信息支持。

4. 客户关系分析报告

客户关系管理系统能够提供详细的客户关系分析报告，有助于分析和优化客户关系，增加客户满意度。

5. 业务工具集成

客户关系管理系统需要与其他业务工具集成，便于与办公系统、销售系统和服务系统等对接联动。

6. 数据保护政策

客户关系管理系统要具备良好的数据保护政策，遵守当地数据安全法规。

任务实施

对于定制旅游产品智能管理工具，一般有自主研发和选购成熟产品两种模式。自主研发的成本投入较高、周期较长，一般适用于大型旅游企业。自主研发的产品具有高度的适用性，可以按照业务发展做纵向和横向的拓展，具有较好的发展空间，能够为企业的旅游产品运营提供强大助力。例如某定制旅游产品生产商自主完成"大数据中台"技术基础设施，以数据仓库、大数据平台为核心，从"存、通、用"三个层面构建大数据分析体系，对定制旅游产品运营的产品数据、交易数据、旅游者数据和用户访问行为数据进行汇聚分析，梳理定义指标分析体系，形成大数据分析的框架体系，并通过高交互性的智能可视化技术，满足各类用户对数据的集成性、服务的多态性、平台可管控性的需求，快速实现产品、服务、流程创新，并贯穿定制旅游产品运营全流程，提升企业核心竞争力。

对于中小规模的企业而言，在定制旅行产品智能管理工具方面可以选择购买成熟的系统平台。一般而言，目前比较成熟的旅行社管理系统都具备旅游要素管理和旅游供应商管理功能，但是不具备较强的客户关系管理系统功能，这也是定制产品生产商应该重点关注的系统功能。因此，定制旅游产品生产商在选择和运用智能管理工具时，在条件允许的情况下，应该对平台系统进行二次开发或者定制开发，完善客户关系管理系统功能，以便充分掌握客户资源，拓展业务领域。

拓展阅读：打造中小企业可负担的在线旅游平台与机制

思考与练习

　　试分析在客户关系管理系统中，定制旅游产品生产商客户关系管理的内容应该涵盖哪些方面。

参考文献 <<<<<<<<

［1］GB/T16766—2017，旅游业基础术语［S］.

［2］LB/T072—2019，包价旅游产品说明书编制规范［S］.

［3］韦鸣秋，白长虹，华成钢 . 旅游公共服务价值共创：概念模型、驱动因素与行为过程——以杭州市社会资源国际访问点为例［J］. 旅游学刊，2020，35（3）：72–85.

［4］厉才茂 . 无障碍概念辨析［J］. 残疾人研究，2019，（4）：64–72.

［5］宋晓，张新成，陈水映 . 服务生态系统视角下的游客价值：价值感知与生成过程［J］. 四川旅游学院学报，2021，（5）：69–75.

［6］黄雪君 . 公共图书馆与旅游融合的模式探讨［J］. 传媒论坛，2021，4（14）：143–144.

［7］董丽苹 . 定制旅游中的体验类活动设计分析［J］. 旅游纵览，2020，（19）：64–67.

［8］邹光勇，刘明宇，何建民 . 从单边市场到双边市场：旅游定价文献综述［J］. 旅游学刊，2018，33（2）：77–89.

［9］曹阳，葛军莲，龙毅，等 . 时空协同的城市旅游行程规划模型构建［J］. 地球信息科学学报，2019，21（6）：814–825.

［10］中国旅游研究院 . 中国旅行服务业发展报告 2022［M］. 北京：中国旅游出版社，2022.

［11］詹姆斯·伯克，巴里·雷斯尼克 . 旅游产品的营销与推销［M］. 2 版 . 叶敏，等，译 . 北京：电子工业出版社，2004.

［12］维克多·密德尔敦 . 旅游营销学［M］. 向萍，等，译 . 北京：中国旅游出版社，2001.

［13］王尧艺 . 大数据背景下旅游营销创新模式研究［M］. 北京：中国纺织出版社，2018.

［14］郑文礼 . 周红刚，钟锃光 . 管理信息系统原理与应用［M］. 厦门：厦门大学出版社，2016.

［15］张春莲，盖艳秋 . 旅行社计调操作实务［M］. 北京：中国旅游出版社，2017.

［16］叶娅丽 . 旅行社计调业务［M］. 武汉：华中科技大学出版社，2017.

［17］刘晓杰，常永翔 . 旅行社经营与管理［M］. 2 版 . 北京：旅游教育出版社，2018.

［18］潘仕梅，秦琴 . 旅游资源规划与开发［M］. 广州：广东旅游出版社，2019.

［19］赖斌，朱婕 . 旅游市场营销［M］. 2 版 . 北京：高等教育出版社，2023.

［20］陈丹红 . 旅游市场营销学［M］. 北京：清华大学出版社，2019.

［21］辛童．中小企业供应商管理实战全书［M］．北京：化学工业出版社，2018．

［22］孙磊．供应商质量管理［M］．北京：机械工业出版社，2020．

［23］王桂花．供应链管理［M］．3版．北京：中国人民大学出版社，2019．

［24］张勇，程凯．中华人民共和国无障碍环境建设法释义［M］．北京：中国法制出版社，2023．

责任编辑：张卫
高等教育出版社　高等职业教育出版事业部　综合分社
地　　址：北京市朝阳区惠新东街4号富盛大厦1座19层
邮　　编：100029
联系电话：（010）58582742
E-mail: zhangwei6@hep.com.cn
QQ：285674764
（申请配套教学资源请联系责任编辑）